2ª Edição
ampliada

www.dvseditora.com.br
São Paulo, 2021

A Gratidão Transforma
A sua Vida Financeira

Copyright© DVS Editora 2021. 2ª Edição ampliada.
Todos os direitos para a território brasileiro reservados pela editora.

Nenhuma parte deste livro poderá ser reproduzida, armazenada em sistema de recuperação, ou transmitida por qualquer meio, seja na forma eletrônica, mecânica, fotocopiada, gravada ou qualquer outra, sem a autorização por escrito do autor.

Contato: suporte@marcialuz.com / www.marcialuz.com

Capa: Marina Avila
Diagramação: Spazio Publicidade e Propaganda

Dados Internacionais de Catalogação na Publicação (CIP)
(Câmara Brasileira do Livro, SP, Brasil)

Luz, Marcia
  A Gratidão transforma a sua vida financeira / Marcia Luz. -- 2. ed. -- São Paulo : DVS Editora, 2021.

  Bibliografia
  ISBN 978-65-5695-026-6

  1. Economia doméstica 2. Finanças pessoais 3. Gratidão (Psicologia) 4. Prosperidade I. Título.

21-60761   CDD-158.1

Índices para catálogo sistemático:

1. Gratidão : Desenvolvimento pessoal : Psicologia aplicada 158.1

Aline Graziele Benitez - Bibliotecária - CRB-1/3129

Dedico este livro a meu marido Sergio Reis,
que me ensinou que é possível realizar meu propósito
de vida e ser bem remunerada por isso.

Agradecimentos

Um livro nunca é construído por uma única pessoa. O autor só consegue realizar a sua obra porque tem o apoio das pessoas que trabalham nos bastidores para que tudo aconteça. E neste, em especial, sou grata às seguintes pessoas:

Meus pais, Maria e Benigno Gago, que desde sempre garantiram minha subsistência para que eu pudesse ir atrás dos meus sonhos;

Meu amado marido Sergio Reis, que me ensinou a materializar meu propósito de vida;

Meus filhos Guilherme, Raffaella, Natália e Juliana, principais motivos que fizeram querer romper com a minha história de escassez financeira, e construir prosperidade;

Minha equipe de trabalho maravilhosa que segura as pontas para que o show aconteça;

Meus alunos dos meus cursos *online*, que me dão dicas e pistas de quais devem ser meus próximos passos;

Meu editor Sergio Mirshawka e toda a equipe da DVS que se desdobra para me ajudar a divulgar minha mensagem de transformação.

Que Deus cubra cada um deles com seu manto de amor e prosperidade!

ÍNDICE

Introdução 1

PRIMEIRA PARTE
Fundamentos
5

Compreendendo como Tudo Acontece 7
É Hora de Saber Mais Sobre Gratidão 15
Entendendo a Prosperidade Financeira 21
Fortalecendo a Relação entre Gratidão e Prosperidade 29

SEGUNDA PARTE
A Jornada da Gratidão pela Prosperidade Financeira
35

A Gratidão é antes de tudo, um hábito. 37
Dia 1: O Caderno da Gratidão pela Prosperidade Financeira 38
Reforçando os alicerces 43
Dia 2: Construindo Alicerces Sólidos. 46

O poder dos exemplos 51

Dia 3: Utilizando o Poder dos Exemplos. 56

A força das experiências. 61

Dia 4: Ressignificando Experiências. 64

Ganhar e gastar. Um equilíbrio necessário. 67

Dia 5: Aprendendo a Poupar Enquanto Agradece. 71

Gastar compulsivamente – promovendo a mudança de hábitos. 75

Dia 6: Utilizando o Dinheiro com Consciência e Gratidão. 79

Quem é responsável por sua prosperidade? 83

Dia 7: Sou Responsável. 85

No fundo do poço ou no início da subida? 89

Dia 8: Potencializando a Gratidão. 91

Comprometa-se. 95

Dia 9: A Carta de Intenção 98

Pedir com gratidão gera sinergia. 101

Dia 10: Pedindo com Sinergia. 104

A força dos cinco sentidos. 107

Dia 11: Ver para Ter. 109

A riqueza acontece primeiro na sua mente 113

Dia 12: Visualize sua Prosperidade 115

Você precisa verdadeiramente querer 119

Dia 13: Sou Merecedor 121

Experimente a abundância financeira 125

Dia 14: Visite a Sala da Riqueza 126

A prosperidade já está pertinho 129

Dia 15: Ancoragem Positiva 130

Coloque-se como recebedor 133

Dia 16: Eu Aceito a Prosperidade 134

É hora de agir 137

Dia 17: TBC – Tire a Bunda da Cadeira 138

Bem debaixo dos seus pés 141

Dia 18: Recursos Escondidos 142

O mundo precisa conhecer o seu valor 145

Dia 19: Ofereça uma Amostra 146

Recordar é viver... e uma ótima fonte de renda 149

Dia 20: Efeito Nostalgia 150

O poder da inovação 153

Dia 21: Faça Algo Diferente 155

O valor do seu dinheiro 159

Dia 22: Aprenda a Pechinchar 161

De grão em grão..163

Dia 23: O Pote da Economia...164

Perguntas poderosas...167

Dia 24: Faça Perguntas Positivas...168

Saia da zona de conforto 171

Dia 25: Está Quentinho, mas Vai Esfriar..................................172

Hoje, amanhã e depois..175

Dia 26: Paciência e Persistência..177

Um passo depois do outro..181

Dia 27: A Próxima Ação...183

Cuide da essência e terceirize o restante....................................185

Dia 28: O Coração do seu Negócio...187

Seus fãs serão seus clientes..191

Dia 29: Construa a sua Audiência..193

Coloque seu produto na vitrine...197

Dia 30: O Mundo todo Precisa Saber......................................198

O poder do encantamento..201

Dia 31: Surpreenda seu Cliente..202

Crie rede de relacionamentos (networking)..................205

Dia 32: Olha Quem Está Falando..................206

Seja um eterno aprendiz..................209

Dia 33: Lições de Prosperidade..................210

De nada vale toda a riqueza, se perder a sua alma..................213

A jornada é feita passo a passo..................217

Referências..................219

Introdução

Quantos EUS habitam em você? Sei que a pergunta, em primeira mão, parece meio esquizofrênica, ou no mínimo sugere buscar fazer contato com pessoas com múltiplas personalidades, mas a verdade é que se engana quem pensa que possui apenas uma faceta de si mesmo habitando em seu interior. Somos seres complexos e multifacetados.

Quem me conhece mais profundamente, por exemplo, sabe que eu tenho um lado cético e um outro extremamente crédulo. Meu lado cético exige que eu experimente teorias e exercícios em que não creio à primeira vista. Quando as executo eu "desligo" o meu lado cético e entro de cabeça na experiência proposta para poder usufruir dos benefícios que ela promete. Meu lado cético me garante a tranquilidade de não ser influenciada por expectativas quanto ao resultado e com isso consigo gerar novos conhecimentos e ajudar minha audiência a crescer.

E foi assim que como fruto de muitos anos de pesquisa, leitura e experiências pessoais, nasceu o livro e o curso *A Gratidão Transforma*, em que proponho ao leitor/aluno transformar sua vida em 33 dias com exercícios de gratidão. O livro e o curso juntos têm como proposta abarcar vários temas nos quais enfrentamos dificuldades na nossa vida diária, como relacionamentos, trabalho, perdão, autoestima, entre outros aspectos.

Esse trabalho tem me trazido muita realização pois diariamente vejo a comunidade da Gratidão Transforma que não para de crescer, sendo afetada muito positivamente pelos efeitos transformadores que a gratidão é capaz de gerar na vida daqueles que a praticam utilizando a metodologia correta.

Acontece que meus alunos começaram a manifestar o desejo e a necessidade de aprofundar alguns temas, de acordo com suas necessidades específicas. E foi assim que surgiu *A Gratidão Transforma a sua Vida Financeira*, que é o primeiro desdobramento da obra de origem, e que vai me permitir esmiuçar os temas mais relevantes para os leitores/alunos, mas o faço de forma que, se este for seu primeiro contato com meu trabalho, você possa se beneficiar sem prejuízo algum. E se já teve acesso ao curso *A Gratidão Transforma*, poderá agora dar foco e aprofundamento aos seus estudos.

Vamos começar este conjunto de cursos/livros pela prosperidade financeira porque acredito que a grande maioria das pessoas possui programações mentais negativas em relação ao dinheiro, advindas das mensagens assimiladas na mais tenra infância, e de experiências ruins que porventura tenham passado. Acredito também que este é um fator relevante a ser trabalhado, pois é por meio da prosperidade financeira que conseguimos ter acesso a uma melhor qualidade de vida, estudos, viagens, enfim, uma vida realmente próspera em todos os sentidos, que é o que todo o ser humano merece.

Sem resolver as finanças, várias outras áreas de sua vida ficam travadas e boa parte dos problemas que você tem hoje começam a ser resolvidos assim que mudarmos seu *mindset*, ou seja, seu padrão mental acerca do dinheiro.

Então venha comigo porque vou lhe apresentar um mundo de abundância e liberdade financeira.

Primeira Parte

Fundamentos

Compreendendo como Tudo Acontece

Preciso que você relembre neste momento das suas aulas de ciências quando estudava sobre átomos. O que são átomos? "São a menor partícula da matéria", respondíamos na minha época, mas lá se vão alguns anos. Hoje sabemos que há partículas menores que o átomo, mas o que nos interessa é saber que seus elétrons – que giram em torno do núcleo – podem assumir órbitas "mais elevadas" mediante a adição de energia, ou podem assumir órbitas "mais baixas" com o desprendimento de energia.

Imagine os antigos toca-discos, que reproduziam LPs. Normalmente os LPs giravam numa velocidade de 33 rpm (rotações por minuto). Quando eu era criança minha diversão era aumentar a rotação para 45 rpm, pois o disco girava mais rápido, a voz saía aguda e veloz, e ficava muito engraçado. Este seria o equivalente aos elétrons assumirem órbitas "mais elevadas", porque aumentando a velocidade do toca-discos eu estava dando mais energia. Ao contrário, quando o "prato" do toca-discos estava girando a menos que 33 rpm, a voz reproduzida era grave, num tom triste, e para mim, que era criança, assustador. Quando os átomos giram "mais baixo", eles estão mais devagar, e perdem energia. Pois saiba: podemos controlar, com os nossos pensamentos, a maneira como os átomos que estão à nossa volta vibram, da mesma forma que eu controlava a velocidade do meu toca-discos. É claro que isto é uma comparação simplista, mas servirá para nosso propósito de compreender de que forma você pode construir a realidade em que está inserido.

Você deve saber que o nosso corpo e tudo o que nos cerca é feito de átomos. Nosso corpo tem várias estruturas – pele, pelos, músculos, tendões, nervos, artérias, veias, sangue – que se olhados ao microscópio, são formados de milhões de pequenas estruturas chamadas células. Se colocarmos uma célula sob a luz de um microscópio de última geração (um nanoscópio), veremos que elas não são a menor estrutura do corpo, pois elas são formadas de átomos! E estes átomos – que até alguns anos atrás eram conhecidos por se constituírem por prótons, nêutrons e elétrons – hoje sabemos que se dividem em partículas ainda menores, os quarks. Estes, por sua vez, dão origem a uma estrutura ainda menor, os neutrinos (ou supercordas), que são, em última instância, pura energia.

Ou seja: **TUDO O QUE VOCÊ VÊ É ENERGIA, MANIFESTADA EM DIFERENTES FORMAS.**

Agora pense: se você estiver brincando de "cabo de guerra", qual é o time que ganha? Evidentemente, aquele que puxar para uma só direção com mais força. A equipe tem que estar alinhada e trabalhando junto para conseguir o objetivo de derrotar o outro time, certo? Imagine agora que você quer muito alguma coisa, no caso, prosperidade em sua vida. O que você tem que fazer é exatamente como no cabo de guerra: alinhar todos os membros do time – no caso seu pensamento, seu sentimento e sua ação – para que o resultado em sua vida seja a tão almejada prosperidade!

Da mesma forma, nossos átomos trabalham movidos pela energia de nosso pensamento, nosso sentimento e nossa ação. Portanto se estiverem alinhados entre si, trabalharão todos numa mesma direção (como num ímã, com polos negativo e positivo), chegando ao resultado desejado.

Tudo o que nos cerca, o universo lá fora, é formado por energia, e ela se manifesta em ondas. Estas ondas são invisíveis e na prática, conectam o que somos (corpo), o que pensamos (pensamento) e o mundo que nos cerca, como um grande fio invisível. Estas ondas se atravessam, se conectam, se atraem ou se repelem, dependendo de como estejamos pensando, sentindo ou agindo, igualzinho na brincadeira do cabo de guerra. Imagine que seu pensamento diz: "serei próspero", seu sentimento é "me sinto pobre", e sua ação é ficar esperando que algo aconteça na sua vida sem fazer nada. Você acha que neste "cabo de guerra" sua vida vai para o lado da prosperidade ou cruza o limite e vai para o lado da vida dura e com dificuldades? Oras, se nem o seu próprio time trabalha alinhado, com cada onda emitindo uma informação, cada átomo trabalha com um objetivo, e sua vida ou não sai do lugar ou vai de mal a pior.

É por aí que a Lei da Atração funciona, mas preciso corrigir uma informação equivocada: as coisas não são atraídas por nós devido a um determinado pensamento + sentimento + ação alinhados (onda). Na verdade, tudo já está à nossa volta, coisas boas e ruins, oportunidades, bênçãos ou desgraças. Quando começamos a emitir determinado pensamento, conseguimos "captar" as ondas equivalentes à frequência de onda que emitimos, da mesma forma que giramos o botão do rádio para escutar nosso tipo de música preferido. A música que queremos só nos chega aos ouvidos se girarmos o botão. As coisas que queremos só chegam em nossa vida se emitirmos o pensamento certo.

Como já expliquei várias vezes, é como se bênçãos e maldições da vida fossem frutas numa grande feira, frutas invisíveis, que já estão lá, mas não ao seu alcance. Quando você vibra na frequência das bananas, enxergará as bananas e poderá pegá-las; se vibrar na frequência de abacaxis, só verá abacaxis, e assim por diante.

Quando duas energias de ondas iguais se chocam – ou se encontram – cria-se o que é chamado de interferência construtiva, o que significa, segundo a Mecânica Quântica, que é possível criar a partir daí qualquer realidade material. Facilitando: se eu gosto de escutar MPB e você também gostar, é como se nossas vontades se encontrassem, criando a "interferência construtiva", que no nosso caso, por exemplo, poderia ser a decisão de não só escutar MPB juntos, mas criarmos uma dupla (realidade material) para interpretarmos as músicas que amamos.

Este princípio está interligado com o Princípio de Ação e Reação de Isaac Newton: "a cada ação existe uma reação de mesma intensidade no sentido contrário". Traduzindo: aquilo que você emite é exatamente o que vai receber, em igual intensidade. Outro exemplo fácil: se você jogar uma bola com velocidade contra uma parede, ela vai voltar na mesma velocidade para você. Da mesma forma que devemos saber com que velocidade devemos jogar a bola para não nos machucarmos com ela, devemos saber o que estamos "jogando para o universo", para não recebermos de volta coisas que não queremos. Daí o ditado: "faça aos outros somente aquilo que gostaria que lhe fizessem".

Desta forma também podemos nos lembrar da máxima de Jesus, que diz: "Amai o próximo como a ti mesmo". Longe de querer iniciar uma discussão religiosa, vou somente interpretar literalmente a frase. Imagino que você não quer que nada de mal aconteça com você, pois gosta de si mesmo, ou tem o mínimo princípio de autopreservação. Ora, se você não gosta de ser maltratado, xingado, enganado, não fará isto com o "próximo", para que não colha as consequências mediante a Lei de Ação e Reação. Esta será a melhor conduta no seu dia a dia, pois se emitir amor, gratidão, bênçãos, receberá o mesmo. Mas se emitir ódio, ingratidão e ofensas, a lei não mudará e é exatamente isso que receberá.

Se você alinhar seus átomos, sua energia e as ondas que emite com positividade, colherá bons resultados rapidamente. Da mesma forma, se você os alinhar com negatividade, será a prova viva de que "desgraça nunca vem sozinha".

Com esta breve explicação sobre como funciona algumas leis do universo, agora posso continuar e lhe explicar sobre Gratidão e Prosperidade.

É Hora de Saber Mais Sobre Gratidão

Você sabe o que significa gratidão? A palavra gratidão vem do latim *gratia*, que significa literalmente graça, ou *gratus*, que se traduz como agradável. Ou seja, gratidão quer dizer "reconhecimento agradável por tudo o que recebe ou lhe é concedido".

Aquilo que chamo de Gratidão é, em outras palavras, vibrar positivamente (aumentar a velocidade para 45 rpm, lembra?) a cada acontecimento do seu dia a dia. Imagino que você já tenha entendido o princípio básico, mas só para reforçar: quando você agradecer algo, mais daquele "algo" virá até você, pois você estará alinhando seu "cabo de guerra" mental (pensamento + sentimento + ação) para ter mais daquilo pelo qual agradeceu.

Quando tornamos a gratidão um hábito, mesmo os acontecimentos desagradáveis são transformados rapidamente, pois aprendemos a agradecer pelo aprendizado que tivemos com o que passamos. Sei que ninguém gosta de enfrentar problemas, mas são eles que nos fazem crescer pois testam nossos limites de autossuperação. Se aprendemos a agradecer mesmo quando estamos enfrentando adversidades, não deixamos cair a nossa "rotação", a nossa vibração, e permanecemos alinhados e com foco no que de bom acontece conosco.

Nosso universo é binário (sim ou não, 0 ou 1), o que significa que só pode vibrar numa frequência por vez. Para o universo não existe "estou mais ou menos". Ou você quer muito alguma coisa ou não quer mesmo. Portanto, não adianta se enganar e agradecer só da boca para fora, alardear que você quer ficar "bem de vida", se por dentro existe aquele pequeno pensamento dizendo "minha vida está uma merda e eu nunca vou sair deste buraco". O que é mais forte: o sentimento de que sua vida está ruim, ou a palavra dita só por dizer? O sentimento, com certeza, pois ele vibra em todos os seus átomos e reverbera ao redor. Imagino que você já viu gente sorrindo na sua frente com os olhos tristes. Qual foi sua impressão da pessoa? Ela estava alinhada entre o que sentia e o que mostrava para os outros? Você sabia o que dizer a ela, se felicitava ou consolava? Pois se você não sabia como agir com aquela pessoa, o universo também não saberá como agir consigo se passar duas informações contraditórias.

Portanto, conscientize-se: por meio da Gratidão *podemos escolher* como pensamos, que definirá como nos sentimos e, consequentemente, como vibramos. O que vou ensinar a você a partir da agora é como deve sentir-se em relação a tudo o que diz respeito à prosperidade financeira, mudando as "mensagens" que emite ao universo e os resultados que colherá.

Entendendo a Prosperidade Financeira

Depois de pesquisar muito, ler muitos livros sobre o assunto, posso lhe responder categoricamente: a gratidão tem absolutamente tudo a ver com você ter ou não dinheiro e prosperidade financeira.

A diferença aqui é que, ao invés de fazer como todos os autores que li, que deixam a gratidão como um dos últimos itens responsáveis por sua prosperidade, eu quero enfatizá-la como o primeiro item. Por quê?

Porque meus quase 30 anos de pesquisa sobre o funcionamento da mente humana me mostraram que mais importante do que saber investir seu dinheiro, ou como poupá-lo, é a consciência de como você o sente, como você o vê, com que sentimento você o toca. De nada serve ser um *expert* em aplicar na bolsa de valores, ou saber fazer negócios ótimos se gastar tudo ou perder todo este dinheiro, vivendo endividado e frustrado com uma situação que você criou a partir de pensamentos que não combinavam com sentimentos, que culminaram em ações desastrosas.

Não é raro sabermos de casos de pessoas que ganharam muito dinheiro e logo em seguida conseguiram perder tudo, voltando ao estado de miserabilidade, muitas vezes até pior do que o estágio anterior, simplesmente porque a conta bancária mudou, mas o *mindset* ou modelo mental continuou sendo o de pobreza e escassez.

Lembre-se: pensamento gera sentimento, que gera ação. Vamos trabalhar por meio da gratidão para que seu mundo de sensações em relação à prosperidade mude, e suas ações para alcançá-la sejam efetivas.

Acontece que por anos a fio fomos vítimas de um modelo mental que associou riqueza à ganância, corrupção, pecado e até sujeira. Isso gerou nas pessoas um grande conflito: preciso ter dinheiro para manter um padrão de vida minimamente decente e garantir as necessidades básicas de meus familiares, mas será que com isso não corro o risco de corromper a minha alma?

Olha a verdade é que historicamente foi necessário para os governantes e para os líderes religiosos manter o povo conformado com a falta de recursos financeiros e a melhor forma de fazer isso era se assegurando de que a construção de riquezas não seria algo desejado. Se o dinheiro não traz felicidade então facilmente me conformo com a falta dele. Se é mais fácil um camelo passar por um buraco de uma agulha do que um rico entrar no reino dos céus então chego a ficar feliz por viver em total estado de miséria, pois isso com certeza vai me assegurar a vida eterna, certo?

Errado. A Bíblia (em Mateus 19:24 e repetida em Lucas 18:25 e Marcos 10:25) conta a história de um jovem rico que se aproximou de Jesus e perguntou-lhe como conseguir a vida eterna. Jesus respondeu que ele deveria doar tudo aos pobres, justamente para descobrir o que era mais importante ao jovem: a riqueza ou a vida eterna.

Como o jovem preferiu ficar com seus bens em vez de doar aos pobres, Jesus diz que ele não vai para o céu, que era mais fácil um camelo passar por um buraco da agulha do que um rico, com esta mentalidade (e aqui está a importância da interpretação), entrar para o reino dos céus.

Em outras palavras, é melhor fazer algo de útil com o dinheiro acumulado (neste caso, doá-lo) do que levá-lo consigo para o caixão. E com isso eu concordo totalmente. Mas não significa que o dinheiro é o problema e sim a avareza e a falta de caridade.

Anthony Robbins, um dos principais profissionais do desenvolvimento humano de todos os tempos fez um estudo criterioso sobre a mentalidade dos milionários acerca do dinheiro e descobriu que a maioria deles manifesta mais caridade e generosidade, proporcionalmente falando, do que as pessoas ditas pobres.

Pense comigo: quanto mais dinheiro você tem, mais é capaz de fazer o dinheiro circular e maior a sua possibilidade de gerar riqueza ao seu redor.

A melhor maneira de ajudar um pobre definitivamente não é tornando-se mais um deles. Se você quer mesmo mudar a situação de pobreza em que se encontram seus familiares ou amigos, primeiro precisará mudar a sua situação.

Uma pessoa que está se afogando só é capaz de ajudar outras pessoas depois que conseguir se salvar. Busque escapar do afogamento e depois você poderá voltar com uma prancha, uma boia ou um bote salva-vidas. Qualquer tentativa antes disso só garantirá que ambos vão se afogar mais rapidamente.

Agora quero compartilhar com você algumas frases que me inspiram e me fazem trabalhar todos os dias feliz e extremamente grata, sabendo que estou ajudando muita gente a mudar sua vida para melhor e me tornando mais próspera na mesma medida. As cito aqui para que sua ideia sobre dinheiro e prosperidade comece a mudar:

"A marca da verdadeira riqueza é determinada por quanto a pessoa é capaz de dar." (T. Harv Eker – Os Segredos da Mente Milionária).

"[...] Primeiro, o dinheiro não se esgota – a mesma nota pode ser usada anos e anos por milhares de pessoas. Segundo, quanto mais rico é um indivíduo, mais dinheiro ele pode colocar em circulação, permitindo que outras pessoas tenham mais dinheiro para trocar por mais valor." (T. Harv Eker – Os Segredos da Mente Milionária).

"Seria uma incoerência pensar que Deus, sendo Pai de amor, Criador de todas as riquezas, de todas as fortunas, de todo minério, minas incontáveis de diamantes, prata e ouro, impedisse seus filhos de usufruir de sua criação. Por isso, agradeça a Deus pela riqueza existente ao seu redor e à sua disposição. Toda esta riqueza é sua. Ela lhe pertence." (Carlos Wizard Martins – Desperte o Milionário que Há em Você).

"*Ganha/ganha é um estado de espírito que busca constantemente o benefício mútuo em todas as relações humanas. [...] se baseia no paradigma de que há bastante para todos, que o sucesso de uma pessoa não é conquistado com o sacrifício ou a exclusão de outra.*" *(Stephen Covey – Os 7 hábitos das pessoas altamente eficazes).*

Você deve ter observado que aqui tanto H. Eker, C. Martins quanto S. Covey falam sobre a mentalidade da abundância, e de como a nossa prosperidade irá refletir nas pessoas que nos cercam, naqueles com quem nos relacionamos de alguma maneira. Quando temos a Mentalidade da Abundância, segundo Covey, vivemos no *"paradigma que diz haver o bastante para todos"*. Quem, ao contrário, vive na Mentalidade da Escassez não tem um prazer verdadeiro em ver os outros prosperarem, pois sente-se com se lhe tivessem tirado algo, como se não fosse sobrar uma fatia de prosperidade para ele. Quando estamos conectados com a abundância do universo, sabemos que "quando a maré sobe, todos os barcos sobem", e isso é muito bom!

"*A gratidão deve ser renovável. Evite esquecer aqueles que ajudaram você. O comum é que, com o tempo, as pessoas esqueçam quem lhes estendeu a mão. Procure agir de maneira diferente, tornando-se um profissional fora do comum. Quando posta em prática, a gratidão exige que se reconheça a quem a ela faz jus. Se for levada além, fará a pessoa seguir outra lei, a da generosidade.*" (William Douglas – As 5 Leis Bíblicas do Sucesso).

Esta é a lei 21, listada por William Douglas. Ele fala claramente que a gratidão faz parte do processo para se ter sucesso e prosperidade. E, seguindo a mesma linha de raciocínio dos outros autores, conclui que quem sabe ser grato torna-se naturalmente generoso. O que nos faz recordar novamente da Lei de Ação e Reação, já citada anteriormente, e aqui explicada na prática por R. Kyiosaki:

"Se eu tivesse de passar apenas uma única ideia para o leitor, seria esta. Sempre que você sentir 'falta' ou 'escassez' de alguma coisa, doe, antes, o que você quer e isso retornará para você os montes. Isso é verdadeiro para dinheiro, sorrisos, amor, amizade. Sei que muitas vezes isso é a última coisa que se deseja fazer, mas, para mim, sempre funcionou. Apenas confio em que o princípio da reciprocidade funciona e doo o meu desejo. Se quero dinheiro, dou dinheiro e ele volta multiplicado. [...] Há muitos anos ouvi algo assim: 'Deus não precisa receber, mas os homens precisam doar.'" (Robert Kyiosaki – Pai Rico, Pai Pobre).

A minha última citação é para lembrar a você do que vimos até aqui, ou seja, que mudar sua programação mental em relação ao dinheiro é o único caminho para tornar-se próspero:

"Sua mente é o seu maior ativo, pois pode criar riqueza ou pobreza." (Robert Kyiosaki – Pai Rico, Pai Pobre).

Então, conectado com a generosidade e com a abundância, se prepare, respire fundo, pois sua vida está prestes a mudar!

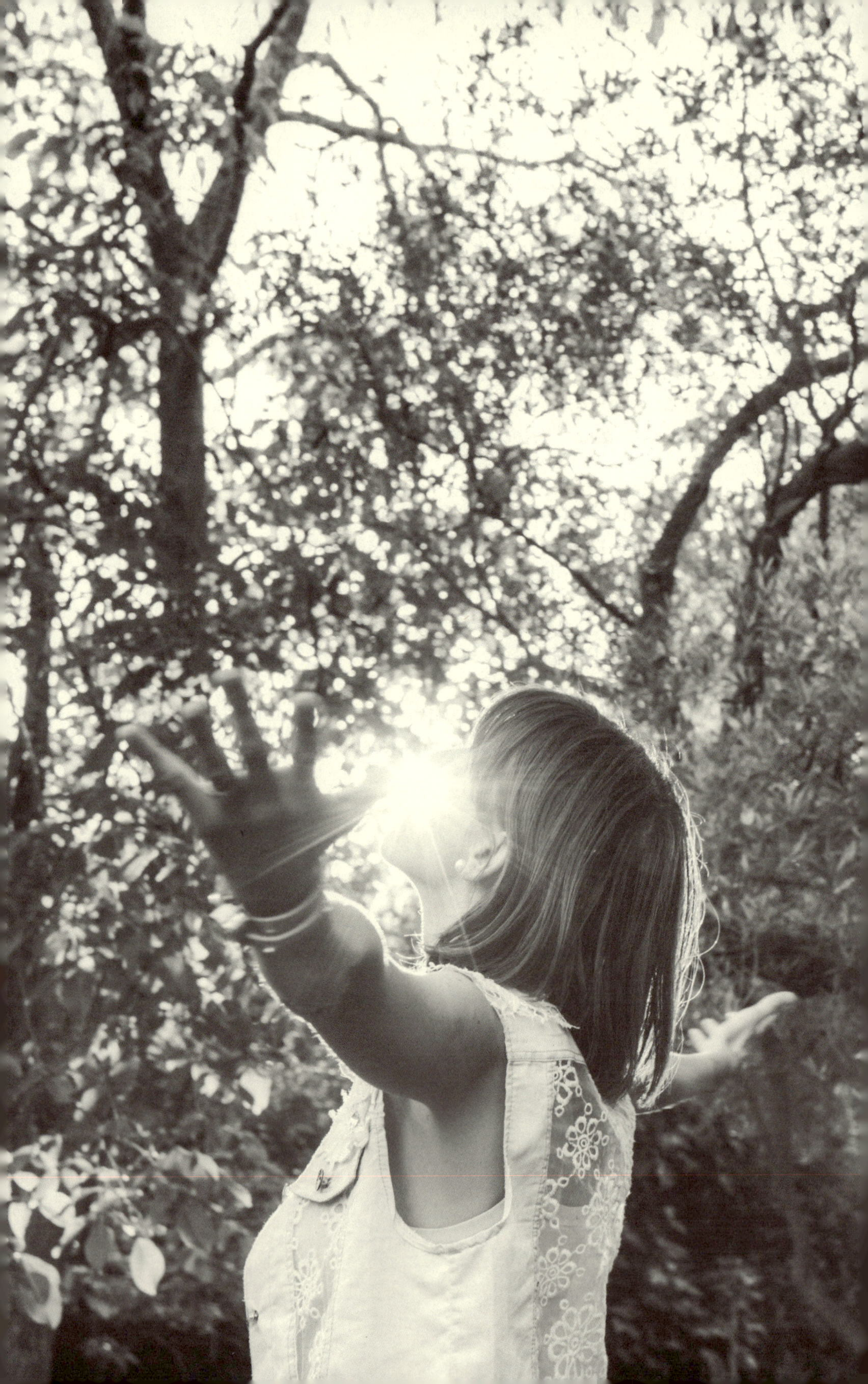

Fortalecendo a Relação entre Gratidão e Prosperidade

Sabendo agora que temos capacidade de alterar nosso estado emocional e o que sentimos, fica mais fácil entender por que podemos alcançar prosperidade com o exercício diário da Gratidão. Manter nossos átomos vibrando em alta frequência nos faz estarmos atentos para tudo aquilo que queremos, pois, nosso espírito está alerta e direcionado para ver oportunidades e o lado bom de qualquer coisa que aconteça.

Quando estamos repletos de Gratidão queremos ver outras pessoas no mesmo estado. Crescemos e queremos que os outros cresçam. Stephen Covey, autor de *Os 7 Hábitos das Pessoas Altamente Eficazes*, fala do princípio do Ganha-Ganha, em que todas as partes envolvidas em um negócio são beneficiadas. Ele diz que para que este princípio funcione perfeitamente precisamos ser íntegros, ter maturidade e ter mentalidade de abundância.

Como pode ver, todos os autores falam de uma maneira ou outra que o universo é abundante, e há riqueza e prosperidade para todos. Só nos falta acessar este canal, ajustar nas "ondas" certas. E é isso que faremos a partir de agora, nesta pequena e poderosa jornada de Gratidão e Prosperidade.

Nossa jornada é composta de 33 exercícios, que deverão ser realizados um por dia, na sequência proposta aqui. Cada exercício trabalhará aspectos diferentes e complementares de sua relação com a prosperidade e com o dinheiro.

Eu não tenho como prever em quanto tempo você começará a perceber os efeitos dos exercícios em sua vida. Para alguns os resultados aparecerão muito rapidamente porque a pessoa já estava pronta para receber as bênçãos, o que só não havia ocorrido porque ela se recusava a abrir o coração. Outras pessoas precisarão ter a paciência de esperar os frutos nascerem e amadurecerem, mas com certeza algo muito significativo mudará em sua vida a partir de agora.

Até hoje você alimentou crenças limitantes sobre o dinheiro, plantou sementes erradas e por isso os frutos foram inadequados. A partir de hoje, porém, tudo vai mudar porque vou ajudá-lo a construir o mindset, o modelo mental certo em relação à prosperidade financeira e, consequentemente, sua vida vai mudar.

Agora cuidado com as armadilhas da sua mente. Mudanças não são necessariamente bem-vindas. A sua mente vai tentar mantê-lo no atual estado das coisas. É mais ou menos assim:

- Tá ruim, mas tá bom.
- Melhor o mal conhecido do que os possíveis horrores do desconhecido.
- Estou na "merda", mas tá quentinho.

Sua mente não quer que você mude, pois acha que assim o está protegendo de alguma novidade que pode ser muito pior do que a vida que você tem hoje. Mas eu e você sabemos que vale o risco da mudança. Você começou a ler este livro porque não aguenta mais manter algumas coisas como estão, não é verdade?

Por isso lembre-se de realmente mergulhar na experiência. E não fique cobrando do universo respostas rápidas. Apenas faça o exercício e saiba que ainda que não esteja conseguindo ver os frutos, as sementes estão sendo plantadas e assim como o agricultor sabe que a paciência é recompensada, você também terá a certeza de que a sua vida nunca mais será a mesma.

Então mãos à obra.

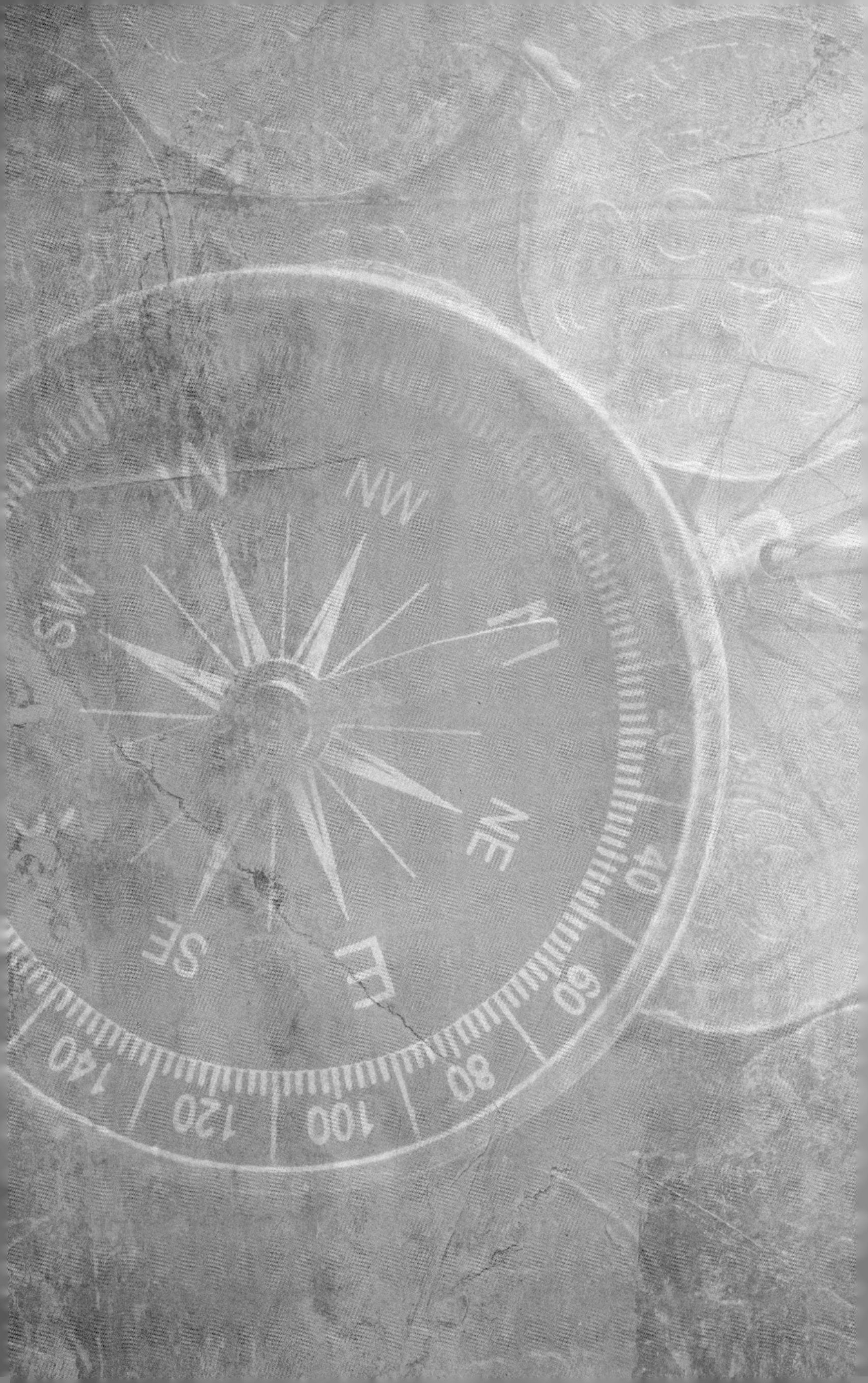
NW
SW
NE
SE
40
60
80
100
120
140

Segunda Parte

A Jornada da Gratidão pela Prosperidade Financeira

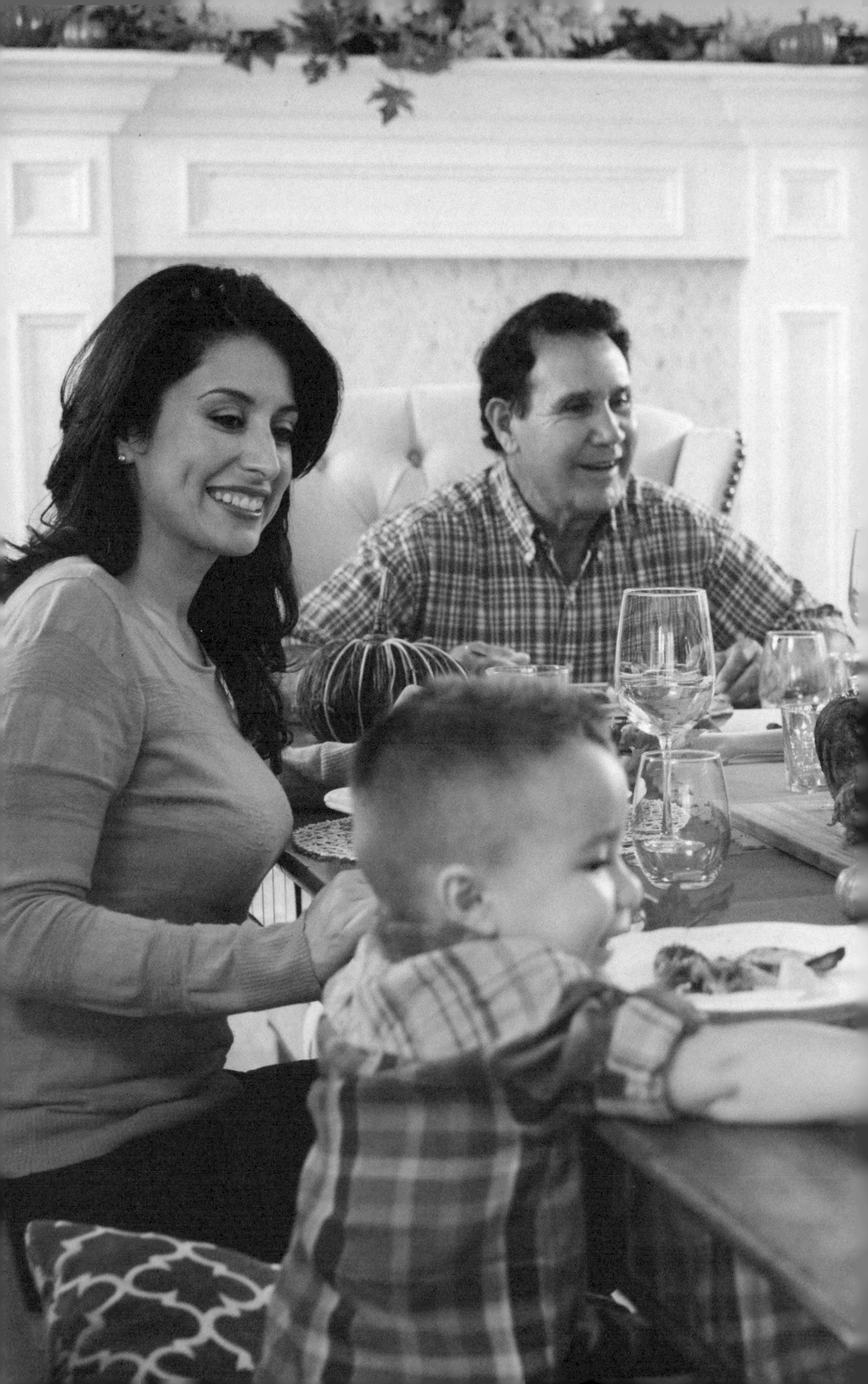

A Gratidão é antes de tudo, um hábito

Vamos começar agora a segunda parte de sua aprendizagem acerca de como conectar com toda a prosperidade financeira que o universo tem para você. Para isso começaremos hoje uma sequência de **33 exercícios** a serem realizados todos os dias, um por dia, **durante 33 dias**. Esta sequência de 33 dias pode e deve ser repetida até que o ato de agradecer diariamente vire um hábito em sua vida.

Segundo o estudo de Jane Wardle, do University College de Londres, publicado no *European Journal of Social Psychology*, para transformar um novo objetivo ou atividade em algo automático, de tal forma que não tenhamos de ter força de vontade, precisamos de 66 dias.

Foram analisadas 96 pessoas que deveriam escolher um comportamento diário que desejassem transformar em um hábito. Na maioria dos casos, levaram em média 66 dias até a formação de um hábito quando se tratava de algo mais complexo e 20 dias para atividades mais simples.

A partir desse estudo optei por fazer para você uma caminhada de 33 dias, com 33 exercícios. E se ao final você notar que ainda falha no hábito de agradecer, continue quanto tempo considerar necessário.

Lembre-se que agradecer é um comportamento que começa agora em sua vida, mas não tem data para acabar, a menos que você queira voltar a vibrar na frequência errada e ter novamente uma vida de escassez e privações financeiras.

E para garantir que o hábito da gratidão irá mesmo se instalar vamos fazer o primeiro exercício que tem exatamente esse objetivo de implementar a aprendizagem da gratidão em seu cotidiano.

DIA 1

O Caderno da Gratidão pela Prosperidade Financeira

Este é nosso primeiro exercício e ele vai nos acompanhar durante os 33 dias de sua Jornada da Gratidão pela Prosperidade Financeira.

Os alunos do curso ou os leitores do livro *A Gratidão Transforma* já fazem esse exercício e se for esse o seu caso, fique atento, pois ao final desse capítulo vou explicar como você deve proceder para adaptar o seu caderno da Gratidão ao caderno da Gratidão pela Prosperidade Financeira. Combinado?

O exercício consiste no seguinte: você vai escolher um caderno que considere especial para ser o seu Caderno da Gratidão pela Prosperidade Financeira. É importante que lhe seja simpático porque o acompanhará durante todo esse período e possivelmente continuará sendo utilizado por você durante muito tempo, mesmo depois que encerrar a jornada.

Evite reaproveitar agendas ou cadernos velhos em que sobraram páginas. É importante que este caderno seja significativo para você e escolhê-lo ou confeccioná-lo já faz parte do processo de mudança de seu padrão energético.

E o que você vai fazer com o caderno uma vez escolhido e preparado? Você vai começar a enumerar todas as bênçãos de sua vida financeira, as que já ocorreram, as que estão presentes hoje e as que começarão a acontecer durante sua jornada.

O desafio é anotar três agradecimentos ligados à área financeira por dia, e isso faremos todos os dias a partir de hoje. Isto significa que ao final da jornada sua lista de agradecimentos estará no mínimo com 99 itens (3 por dia durante 33 dias).

O ideal é que você não repita o mesmo agradecimento mais de uma vez, porém, se por algum motivo é bem importante para você repetir porque aconteceu algo significativo, não há problema algum.

A princípio talvez seja difícil encontrar três agradecimentos por dia, mas conforme for exercitando, perceberá que é capaz de lembrar-se de muito mais que três motivos ligados à área financeira para agradecer.

Queremos compartilhar essa experiência com nossa comunidade de pessoas que querem ajudar a transformar o mundo, então você pode tirar uma foto de seu caderno e postar em seu Instagram, lembrando de colocar **#agratidaotransforma**, **#marcialuz** para que todos possam encontrar sua postagem.

Aprender a ser grato é muito poderoso porque a vida nos dá mais do mesmo. Se você agradece pelo dinheiro que recebeu de salário, ainda que esteja ganhando pouco, isso não vai fazer com que o universo entenda que você está feliz e conformado apenas com aquele valor; o que ocorre energeticamente quando você agradece pelo dinheiro, e não importa a quantia, é que mais dinheiro chegará à sua vida; e aí você agradece de novo, e assim sucessivamente.

Quando terminar de escrever os três itens do dia, releia-os e diga três vezes em voz alta: obrigado(a), obrigado(a), obrigado(a) ou se preferir, sou grato(a), sou grato(a), sou grato(a).

Quanto aos motivos para agradecer, você pode escolher dos mais simples aos mais significativos, os gerais e os específicos, os do seu passado, presente ou as bênçãos que você sabe que o futuro lhe reserva, sendo que todos eles devem estar ligados à área financeira de alguma maneira, incluindo o que você ganhou e o que deixou de gastar, pois ambos colaboram com sua prosperidade.

A seguir alguns exemplos de motivos para ser grato ligados à área financeira que podem ocorrer no seu dia a dia:

- Aumento de salário;
- Conquista de um cargo mais elevado na empresa;
- Ganho de bônus e premiações;
- Aumento das comissões;
- Conquista de novos clientes;
- Desconto na parcela de pagamento da casa própria;
- Bolsa de estudo para você ou seus filhos;
- Ganho de milhas aéreas e desconto em rede hoteleira;
- *Upgrade* em plano de saúde;
- Cupom de desconto para compras em supermercado ou restaurantes;
- Recebimento de herança ou partilha de bens;
- Presentes recebidos;
- Achar moeda ou cédulas no chão;
- Ser sorteado em premiações;
- Conseguir taxas e rendimentos melhores que o habitual em aplicações financeiras.

Quanto maior for a sua gratidão, mais rápido perceberá as transformações e ganhos em sua vida. Então faça de seu Caderno da Gratidão pela Prosperidade Financeira um grande companheiro de hoje em diante.

E para <u>aqueles que já são alunos do curso ou leitores do livro <i>A Gratidão Transforma</i></u>, você poderá utilizar o mesmo Caderno da Gratidão que já possui, só que agora deverá acrescer a sua lista de 10 itens de gratidão diários que já pratica + 3 ligados à área financeira, porque este é o foco que você optou por dar neste momento em sua vida.

Recapitulando

EXERCÍCIO NÚMERO 1:
O Caderno da Gratidão pela Prosperidade Financeira

1. Escolha um caderno especial que será o seu Caderno da Gratidão pela Prosperidade Financeira;
2. Todos os dias ao acordar, ou antes de dormir, anote três motivos ligados à área financeira pelos quais você é grato;
3. Uma vez anotados os três itens, releia-os e diga em voz alta três vezes: obrigado(a), obrigado(a), obrigado(a).
4. Repita esse exercício todos os dias durante os 33 dias da jornada.
5. Se você já for aluno do curso A Gratidão Transforma você poderá utilizar o mesmo Caderno da Gratidão que já possui, só que agora deverá acrescer a sua lista de 10 itens de gratidão diários que já pratica + três ligados à área financeira.

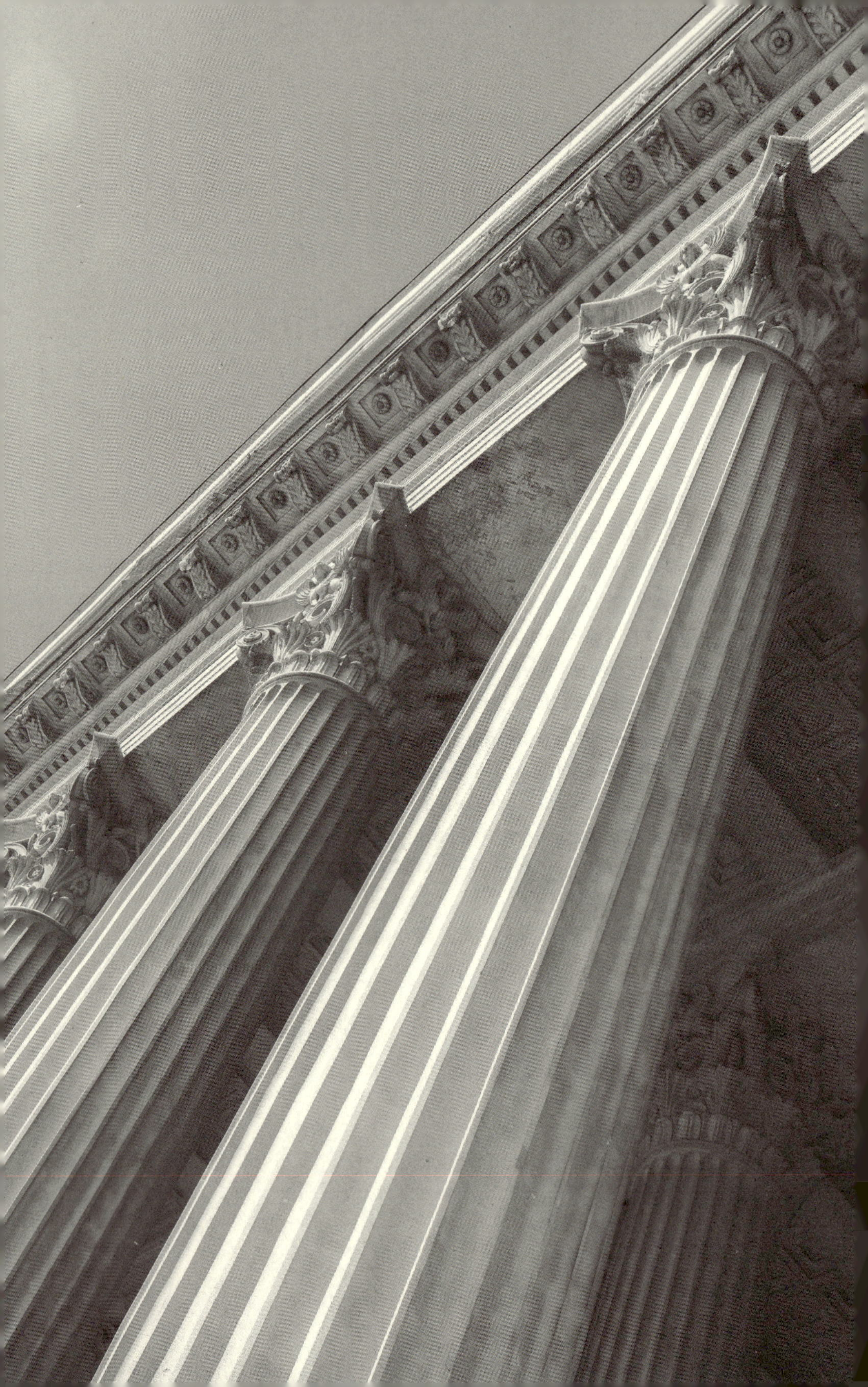

Reforçando os alicerces

Nossa mente, como uma casa, possui alicerces. Estes alicerces são os pensamentos que temos e achamos que são verdadeiramente nossos. Porém, na maior parte das vezes, estes pensamentos são somente repetições de padrões que aprendemos em nossa infância, com nossos pais, irmãos, professores, e outros adultos que tomamos como figuras de autoridade. Aprendidas desde pequenos, dificilmente questionamos se estas ideias são verdades absolutas – verdades para todos – ou se só são válidas dentro do meio em que vivemos.

Um exemplo de verdades absolutas: "todos nascemos de uma mulher"; "todos vamos morrer um dia". Exemplos de verdades válidas só para um grupo social, ou familiar: "podemos comer de tudo e não vamos engordar" (válido para quem tem um organismo privilegiado que absorve tudo o que come, mas não para mim, por exemplo!); ou "todas as crianças devem ser batizadas ao nascer" (pergunte a um budista sobre isto...).

O nosso cérebro funciona igual a um computador. Enquanto o cérebro e os nervos são o *hardware* – a estrutura física – a nossa mente subconsciente é o "programa" que faz a estrutura funcionar. O que recebemos de informações mediante o que ouvimos, vemos, experimentamos (mente consciente) servem para "alimentar de informações" o nosso cérebro (igual ao teclado, ao mouse ou a tela do celular, por exemplo). A nossa mente subconsciente não julga o que recebe. Ela somente aceita e faz de tudo para cumprir as ordens do consciente.

Se uma mãe amada ou alguém que enxerguemos como uma autoridade (um professor, por exemplo) nos diz: "lave as mãos porque mexeu em dinheiro", nosso subconsciente entende que o dinheiro é sujo e deve ser evitado. Ele fará de tudo para cumprir a função de nos deixar longe do dinheiro. A culpa não é de quem nos ensinou, pois também foram ensinados assim. O problema reside no fato de que aquilo que escutamos das pessoas amadas e respeitadas ou de figuras de autoridade tendem a ser como ordens para o nosso subconsciente, formando nosso alicerce.

A depender dos "alicerces" que temos, podemos ter uma mente voltada para a prosperidade, para uma vida mediana ou para uma vida de escassez, ou mesclar os padrões, vivendo altos e baixos financeiros.

T. Harv Eker, autor de *Os Segredos da Mente Milionária*, deixa isto claro quando diz: "o meu mundo interior cria o meu mundo exterior". Ele fala que cada um tem seu "modelo de dinheiro", que, na prática, é a sua programação mental (seu alicerce) em relação às finanças.

O primeiro fator que cria esta programação mental é aquilo que ouvimos desde a mais tenra infância em relação ao dinheiro e às pessoas ricas, o valor das coisas e impostos. Quantas vezes você ouviu:

- Dinheiro é sujo!
- Com esta porcaria de dinheiro não dá para fazer nada!
- Esse governo nos tira tudo em impostos.
- Sou honesto, nunca serei rico.
- O dinheiro é a causa de todos os males.

Frases como estas simplesmente programaram milhares e milhares de pessoas para viverem na escassez, já que tinham que evitar o dinheiro (sujo, porcaria e causador de males), odiar impostos (que nos levam o dinheiro), e odiar os ricos (desonestos). Comigo e com você certamente não foi diferente. Estas programações são chamadas também de *crenças limitantes*, pois limitam realmente o nosso desenvolvimento financeiro e nossa prosperidade.

O que preciso que você entenda, primeiramente, é que dinheiro é **energia**. E como você já sabe, energia se propaga em ondas, e temos que alinhar estas ondas (lembre-se do pensamento + sentimento +

ação) para que você possa se conectar com as oportunidades que estão à sua volta e a prosperidade entre em sua vida.

Quanto aos impostos, vamos seguir o mesmo raciocínio. Eles são taxados sobre a renda que você tem, ou sobre bens que possui ou adquire. Portanto, pare de reclamar olhando os impostos, e comece a agradecer pelo que tem! Um amigo meu, advogado, ao me ouvir reclamar sobre ter que pagar IPTU, anos atrás, disse-me: "se não quer pagar ou não tem como pagar, venda o imóvel, pois você não o merece." Juro, nunca mais reclamei!

Sobre os ricos, esta é mais uma crença limitante que devemos mudar. Adianto aqui que em sua maioria, eles são pessoas honestas e confiáveis, ou não conseguiriam estar onde estão, porque não há mal que para sempre perdure, e como já vimos, pessoas ricas sabem exercitar a gratidão, a generosidade e o ganha-ganha de forma exemplar. Ou você aprende a admirar pessoas ricas ou jamais conseguirá ser uma delas. E por que é importante que você seja uma delas? Para gerar mais riqueza para o mundo e auxiliar o maior número possível de pessoas em sua caminhada.

Agora quero lhe apresentar o segundo exercício, em que você vai começar a refazer os alicerces de seus pensamentos para a prosperidade financeira.

Dia 2

Construindo Alicerces Sólidos

Escolha um lugar calmo, respire fundo e lembre-se de sua infância. Procure lembrar-se de frases que seus pais, familiares e educadores usavam em relação ao dinheiro. Preste atenção na sensação que você tem ou nas ideias que lhe veem à mente quando repete estas frases.

Agora, anote numa folha de papel as frases que lhe vieram à lembrança. Se lembrar de quem as pronunciava, anote ao lado, junto dos sentimentos ou pensamentos que desencadearam. Note bem, cada um que nos ensinou acreditava que isto era verdade. Estavam nos dando o melhor que eles podiam, portanto, neutralize qualquer sentimento de rancor que porventura venha a aparecer, inicialmente, com a seguinte frase:

"(fulano de tal – pai, mãe, professor, tio, avô) sou grato por ter me ensinado suas verdades em relação ao dinheiro. Sei que você me ensinará agora novas verdades para que minha vida seja próspera."

Agora, para cada frase limitante que você escreveu no papel sobre o dinheiro, crie uma nova frase positiva. Por exemplo:

No lugar de: *"Dinheiro é sujo"* escreva: *"O dinheiro é o responsável por tudo de belo e bom que vemos e temos no mundo"*.

Em vez de: *"Com esta porcaria de dinheiro não dá para fazer nada"* substitua por: *"O dinheiro é uma bênção na vida das pessoas"*.

Troque a frase: *"Esse governo nos tira tudo em impostos"* pela frase: *"Impostos mostram o quanto eu sou próspero"*.

E mude a frase: *"Sou honesto, nunca serei rico"* para: *"Ricos são honestos e merecedores do fruto de seu trabalho"*.

E assim por diante.

Agora vou pedir que você volte a lembrar da pessoa ou pessoas da qual ouviu a primeira frase limitadora que você anotou. A seguir feche os olhos e imagine esta pessoa com detalhes. Então veja e escute esta pessoa falando para você as novas frases empoderadoras que você criou. No início vai até dar uma sensação de estranheza imaginar por exemplo a sua mãe que sempre dizia que o dinheiro era sujo falando: "O dinheiro é o responsável por tudo de belo e bom que vemos e temos no mundo". Sei que soa estranho, mas lembre-se que você controla seus pensamentos e não o contrário, então imaginar sua mãe falando isso é só uma questão de escolher e dar a ordem ao seu cérebro.

E cada vez que ela falar a frase, repita a frase com ela.

Faça isto para cada mensagem que precise mudar na sua programação mental, e substituirá suas crenças limitantes por outras que lhe darão alicerces sólidos para a prosperidade.

Repita cada uma das novas frases empoderadoras quantas vezes sentir necessidade lembrando sempre de imaginar que elas estão sendo ditas por pessoas significativas em sua vida.

Finalize dizendo:

"Sou grato a você (mãe, pai, etc.) por me dar os alicerces para uma vida próspera".

Lembre-se que sua mente é incapaz de diferenciar o real do imaginário, então para ela será como se aquela pessoa significativa em sua vida estivesse agora lhe ensinando uma nova lição, e isso terá um poder enorme sobre a sua relação com o dinheiro.

Recapitulando

EXERCÍCIO NÚMERO 2:
Construindo Alicerces Sólidos

1. Ao acordar ou antes de dormir, anote em seu Caderno da Gratidão pela Prosperidade Financeira os três itens de hoje relacionados à prosperidade financeira pelos quais é grato; releia-os e diga em voz alta três vezes: obrigado(a), obrigado(a), obrigado(a).
2. Procure lembrar de frases limitantes que seus pais, familiares e educadores usavam em relação ao dinheiro.
3. Anote numa folha de papel essas frases e o nome de quem as pronunciava.
4. A fim de libertá-los da culpa por terem feito isso, diga: (Pai, mãe, professor, etc.) *sou grato por ter me ensinado suas verdades em relação ao dinheiro. Sei que você me ensinará agora novas verdades para que minha vida seja próspera.*
5. Para cada frase limitante sobre o dinheiro que você escreveu no papel, crie uma nova frase positiva.
6. Lembre-se novamente da pessoa que dizia a frase limitante e agora imagine-a dizendo a frase empoderadora que você criou, como por exemplo: "O dinheiro é o responsável por tudo de belo e bom que vemos e temos no mundo."
7. Repita cada uma das novas frases empoderadoras quantas vezes sentir necessidade lembrando sempre de imaginar que elas estão sendo ditas por pessoas significativas em sua vida.
8. Finalize dizendo: "Sou grato a você (mãe, pai, etc.) *por me dar os alicerces para uma vida próspera.*"

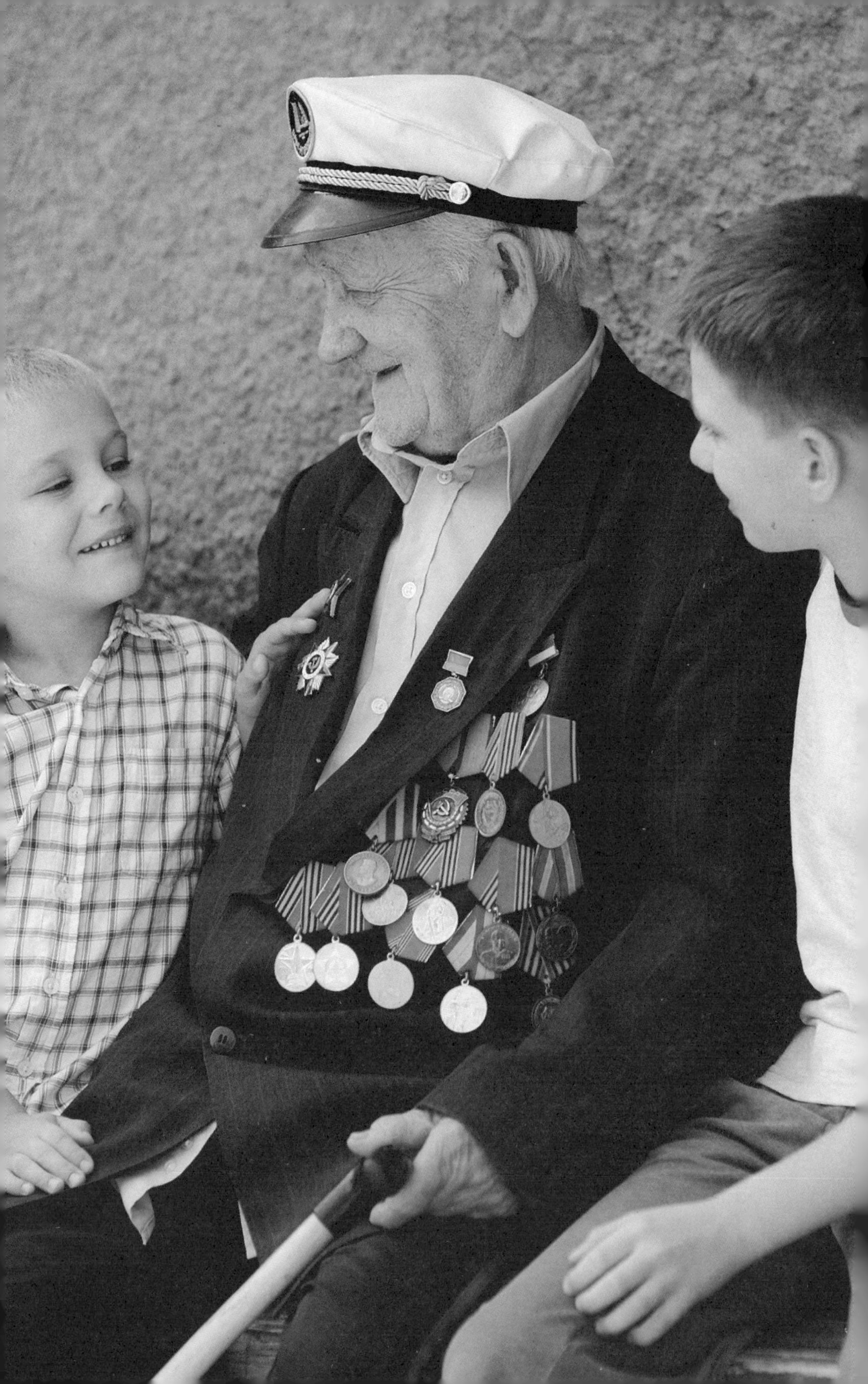

O poder dos exemplos

Agora falaremos do segundo fator que criou a nossa programação mental e algumas de nossas crenças limitantes. Uma das formas de aprendermos a ser quem somos e fazer o que fazemos hoje é a partir dos **exemplos**, que vieram das pessoas que eram nossos modelos – pais, avós, tios, professores, etc. Este é o segundo tipo de influência que nosso subconsciente recebe. Aprendemos desde cedo por imitação. Se o que ouvimos são os alicerces, podemos dizer que os exemplos são as paredes que vão sendo levantadas na construção de nossa programação mental.

Quem já viu o filme *Forest Gump* poderá se lembrar de várias cenas, em que o personagem preserva a inocência infantil e faz algumas coisas que chamam a atenção: escuta tudo o que a mãe e seus amigos dizem como verdades, e os obedece ao pé da letra (influência do que escutamos); e imita os padrões das pessoas com quem convive, e com isso torna-se um excelente soldado, campeão de pingue-pongue, pescador e assim por diante, mesmo com um raciocínio infantil.

No nosso cotidiano também tomamos como modelo pessoas em quem confiamos e em quem nos espelhamos. Rimos como nosso pai, andamos como nossa mãe, nos sentamos com a perna cruzada como o tio, e assimilamos sem perceber suas atitudes em relação ao dinheiro e as reproduzimos até hoje!

Certo aluno de um de meus cursos relatou que suas maiores dificuldades era controlar o próprio dinheiro e sair com mais de 100 reais na carteira. Contou-me que até casar-se era a mãe que controlava todo o dinheiro da casa, e ela dava somente 100 reais para ele e 100 reais ao seu pai para passarem a semana. Quando se casou, pediu à esposa que fizesse o controle financeiro, e lhe separasse um montante semanal. Ela sempre lhe dava 200 reais, e ele não conseguia levar todo o dinheiro, sentindo como se não lhe pertencesse!

Outra aluna, que vinha de família humilde, passou a infância usando roupas de segunda mão, que a avó cuidadosamente procurava para ela em brechós de igreja e bazares beneficentes. Já adulta, mesmo tendo uma posição financeira confortável, via-se entrando em brechós e bazares, repetindo os passos de sua avó à procura de roupas para si mesma, e sentia-se mal em entrar numa loja de shopping, por exemplo.

E eu também fui vítima deste tipo de exemplo. Meu pai era estivador do porto de Santos e minha mãe, dona de casa. Vivíamos com o salário modesto de meu pai, que era administrado por minha mãe. Ela, por sua vez, não media esforços para economizar, a fim de poder oferecer para mim o melhor padrão de vida possível. Lembro-me como se fosse hoje da minha mãe secando a única calça jeans que tinha atrás da geladeira, e assim evitando de comprar outra, para economizar para as minhas roupas. Não, eu nunca tive apenas uma calça jeans, nem as sequei atrás da geladeira, mas tive que lutar muito para me sentir merecedora de comprar alguma coisa para mim, e não apenas para os meus filhos.

Como pode ver, estes exemplos são repetidos inconscientemente por muitos anos ou uma vida inteira, e podem estar neste momento prejudicando a sua prosperidade financeira. Nos três casos acima, meus dois alunos e eu não nos achávamos merecedores de termos mais do que aquilo que ficou gravado em nossas mentes, ou seja, 100 reais na carteira, roupa de brechó e presentes para os filhos. Eles não se davam novas oportunidades, pois simplesmente não tinham ninguém que lhes desse novos modelos ou exemplos para seu subconsciente. E eu precisei fazer um esforço consciente para mudar esse padrão em minha vida. Estes comportamentos limitados são chamados de **comportamentos sabotadores**.

Para mudarmos estes comportamentos sabotadores teremos que apagar os exemplos antigos e colocar modelos ou exemplos novos.

Não se preocupe se não tiver uma pessoa de carne e osso para usar de exemplo. Para o nosso cérebro, a imaginação é tão real quanto o que vivemos. Agora nós podemos usar a criatividade para visualizar aonde queremos chegar.

E existe uma outra questão poderosa em relação aos exemplos sobre a qual precisamos refletir. Os exemplos em si não são bons ou ruins; tudo depende de como você interpretará aquela situação. O ser humano é livre para fazer escolhas a partir dos estímulos externos que recebe, e isso define o seu caráter.

Acompanhe comigo a seguinte história do João e Mário:

João era um importante empresário. Morava em um apartamento de cobertura, na zona nobre da cidade.

Naquele dia, João deu um longo beijo em sua amada e fez em silêncio a sua oração matinal de agradecimento a Deus pela sua vida, seu trabalho e suas realizações.

Após tomar café com a esposa e os filhos, João levou-os ao colégio e se dirigiu a uma de suas empresas.

Chegando lá, cumprimentou com um sorriso os funcionários, inclusive Dona Tereza, a faxineira.

Tinha ele inúmeros contratos para assinar, decisões a tomar, reuniões com vários departamentos da empresa, contatos com fornecedores e clientes, mas a primeira coisa que disse para sua secretária foi: "Calma, fazer uma coisa de cada vez, sem estresse".

Ao chegar a hora do almoço, ele foi para casa curtir a família. A tarde tomou conhecimento que o faturamento do mês superou os objetivos e mandou anunciar que todos os funcionários teriam gratificações salariais no mês seguinte. Apesar da sua calma, ou talvez, por causa dela, conseguiu resolver tudo que estava agendado para aquele dia. Como já era sexta-feira, João foi ao supermercado, voltou para casa, saiu com a família para jantar e depois foi dar uma palestra para estudantes, sobre motivação para vencer na vida.

Enquanto isso, num bairro mais pobre de outra capital, vive Mário. Como fazia em todas as sextas-feiras, Mário foi para o bar jogar sinuca e beber com amigos. Já chegou lá nervoso, pois estava desempregado. Um amigo seu tinha lhe oferecido uma vaga em sua oficina como auxiliar de mecânico, mas ele recusou, alegando não gostar do tipo de trabalho. Mário não tinha filhos e estava também sem uma companheira, pois sua terceira mulher partiu dias antes, dizendo que estava cansada de ser espancada e de viver com um inútil.

Ele estava morando de favor, num quarto imundo no porão de uma casa.

Naquele dia, Mário bebeu mais algumas, jogou, bebeu, jogou e bebeu até o dono do bar pedir para ele ir embora. Ele pediu para pendurar a sua conta, mas seu crédito havia acabado, então armou uma tremenda confusão... e o dono do bar o colocou para fora.

Sentado na calçada, Mário chorava pensando no que havia se tornado sua vida, quando seu único amigo, o mecânico, apareceu após levá-lo para casa e curando um pouco o porre, ele perguntou a Mário:

— Diga-me por favor, o que fez com que você chegasse até o fundo do poço desta maneira?

Mário então desabafou:

— A minha família... Meu pai foi um péssimo exemplo. Ele bebia, batia em minha mãe, não parava em emprego nenhum. Tínhamos uma vida miserável.

Quando minha mãe morreu doente, por falta de condições, eu saí de casa, revoltado com a vida e com o mundo. Tinha um irmão gêmeo, chamado João, que também saiu de casa no mesmo dia, mas foi para um rumo diferente, nunca mais o vi. Deve estar vivendo desta mesma forma.

Enquanto isso, na outra capital, João terminava sua palestra para estudantes. Já estava se despedindo quando um aluno ergueu o braço e lhe fez a seguinte pergunta:

— Diga-me, por favor, o que fez com que o senhor chegasse até onde está hoje, um grande empresário e um grande ser humano?

João emocionado, respondeu:

— A minha família. Meu pai foi um péssimo exemplo. Ele bebia, batia em minha mãe, não parava em emprego nenhum. Tínhamos uma vida miserável.

Quando minha mãe morreu, por falta de condições, eu saí de casa, decidido que não seria aquela vida que queria para mim e minha futura família.

Tinha um irmão gêmeo, chamado Mário, que também saiu de casa no mesmo dia, mas foi para um rumo diferente, nunca mais o vi. Deve estar vivendo desta mesma forma.

Moral da história:

O que aconteceu com você até agora não é o que vai definir o seu futuro, e sim a maneira como você vai reagir a tudo que aconteceu. Sua vida pode ser diferente, não se lamente pelo passado, construa você mesmo o seu futuro.

Autor desconhecido

Dia 3

Utilizando o Poder dos Exemplos

Na primeira parte deste exercício você terá que se lembrar dos exemplos de comportamento em relação ao dinheiro e seu uso, que teve dos adultos que o cercaram na infância. Analise se estes são **comportamentos sabotadores**, se você os repete e se eles estão prejudicando sua prosperidade financeira. Alguns exemplos que você pode estar repetindo hoje:

- Um parente que sempre que tinha um dinheiro sobrando metia-se numa sociedade ou negócio novo, e acabava por perder tudo e se colocar em dívidas;
- Uma parente que toda vez que se chateava – com alguém, com o emprego – voltava carregada de sacolas de compras para casa, por impulso;
- Um parente que sempre xingava e dizia que ganhava uma miséria quando olhava seu contracheque.
- Um parente que sempre atrasava os pagamentos das contas e fugia de credores.
- Um parente que "torrava" o dinheiro em saídas com amigos e vivia pedindo emprestado para pagar contas...

Agora vamos derrubar as "paredes" dos comportamentos sabotadores:

1) Escreva numa folha de papel cada comportamento sabotador que identificar.

2) Leia o que escreveu e responda na folha, ao lado do comportamento:

- É bom para você continuar fazendo isto? Sim / não?
- O que acontece quando você repete este comportamento?
- Como você se sente?
- Qual a consequência para os que convivem com você?

3) Como tudo é aprendizado, escreva: "**SOU GRATO POR VER QUE** (descreva o comportamento) **NÃO É MAIS NECESSÁRIO EM MINHA VIDA.**"

Agora que você descreveu seu comportamento e suas consequências, e agradeceu o aprendizado, vamos ao próximo passo. Lembre-se: nosso objetivo é alinhar o "cabo de guerra" (pensamento + sentimento + ação) para "construir novas paredes" de pensamentos prósperos.

4) Você vai agora pensar ou imaginar o que pode fazer de diferente em relação àquele comportamento nocivo. Exemplos: quando tiver dinheiro sobrando, colocar numa poupança ou investimento; analisar prós e contras antes de querer entrar numa sociedade; se quiser entrar numa loja por impulso, perguntar a si mesmo se realmente precisa daquilo; olhar o contracheque e agradecer pelo salário que entrou; pagar as contas em dia; separar 10% do seu ganho mensal para diversão e respeitar este limite.

5) Agora descreva no papel seu novo comportamento (ação) e como se sente imaginando-se ao agir desta forma (sentimento). Feche os olhos e imagine-se como descreveu.

6) Agora repita a frase:

"**EU SOU GRATO POR ESCOLHER FAZER** (descreva aqui o novo comportamento), **POIS SEI QUE SOU MERECEDOR DE PROSPERIDADE FINANCEIRA EM MINHA VIDA!**"

Parabéns! Você acaba de alinhar pensamento, sentimento e ação!

Recapitulando

EXERCÍCIO NÚMERO 3:
Utilizando o Poder dos Exemplos

1. Ao acordar ou antes de dormir, anote em seu Caderno da Gratidão pela Prosperidade Financeira os três itens de hoje relacionados à prosperidade financeira pelos quais é grato; releia-os e diga em voz alta três vezes: obrigado(a), obrigado(a), obrigado(a).
2. Escreva numa folha de papel cada comportamento sabotador que identificar.
3. Leia o que escreveu e responda na folha, ao lado do comportamento: É bom para você continuar fazendo isto? Sim / não? O que acontece quando você repete este comportamento? Como você se sente? Qual a consequência para os que convivem com você?
4. Escreva: "**SOU GRATO POR VER QUE** (descreva o comportamento) **NÃO É MAIS NECESSÁRIO EM MINHA VIDA.**"
5. Pense ou imagine o que pode fazer de diferente em relação àquele comportamento nocivo.
6. Descreva no papel seu novo comportamento (ação) e como se sente imaginando-se ao agir desta forma (sentimento).
7. Agora repita a frase: "**EU SOU GRATO POR ESCOLHER FAZER** (descreva aqui o novo comportamento), **POIS SEI QUE SOU MERECEDOR DE PROSPERIDADE FINANCEIRA EM MINHA VIDA!**"

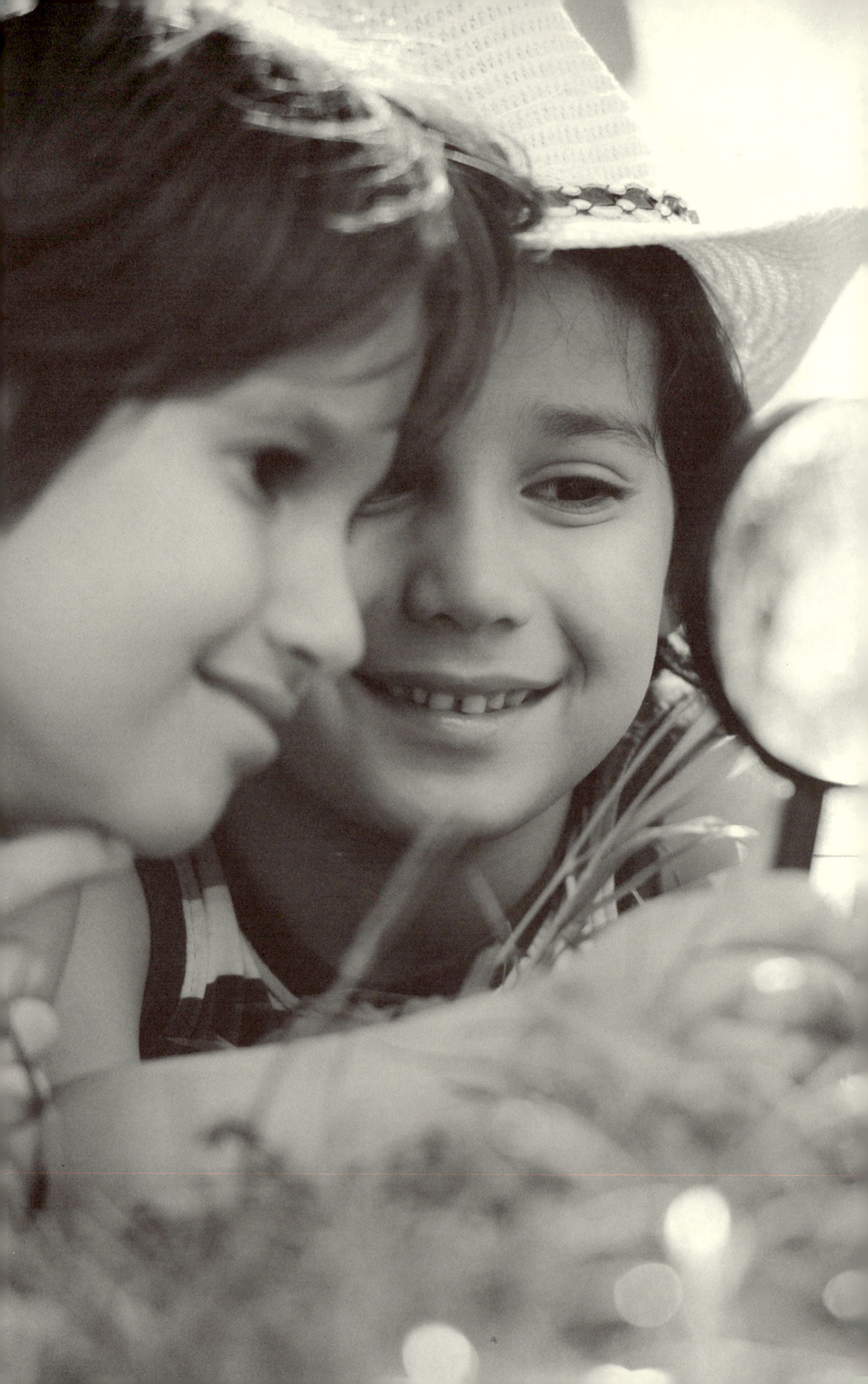

A força das experiências

Aqui vou falar sobre as nossas próprias experiências em relação ao dinheiro. Além dos alicerces que recebemos e das atitudes que repetimos, as experiências que vivenciamos são importantes pela interpretação que damos a elas, pois iremos repetir padrões de comportamento quando experiências semelhantes acontecerem. Se continuarmos a comparar a uma construção, podemos dizer que as experiências são como a massa corrida que passamos na parede crua: ela só pode entrar em cena quando alicerces e paredes foram devidamente erguidos.

Experiências significativas ficam marcadas em nosso subconsciente, e o padrão de resposta torna-se automático. Da mesma forma que não questionamos os ensinamentos de pessoas importantes em nossa vida, também não costumamos questionar as atitudes automáticas que temos frente a acontecimentos semelhantes que vivenciamos e nos marcaram.

Um aluno de meu curso conta que, há anos, toda vez que ia pagar uma conta no caixa do banco, sentia-se mal-humorado assim que pisava na agência, e seu mau humor aumentava à medida que o tempo passava na fila do banco. Quando chegava em frente ao atendente de caixa não conseguia conter-se, e sempre era ríspido com a pessoa, que o atendia secamente. Ele não sabia explicar o motivo de sua atitude, dizia que era mais forte que ele, e isto o constrangia muito. Um certo dia, ao chegar à boca do caixa, a atendente o recebeu com um sorriso e um "bom dia" antes mesmo que ele pudesse abrir a boca. Em seguida, ela disse: "Nada como poder pagar uma conta em dia, não é, senhor?" Isto o desarmou por completo. Ao voltar para casa lhe veio a recordação de seu início de vida adulta, em que ganhava mal e a cada conta que pagava via seu salário se esvair, sentindo-se lesado. Percebeu que era exatamente o mesmo sentimento que tinha quando entrava no banco para pagar contas, ainda que naquele momento atual sua situação financeira fosse mais confortável do que no seu início de vida. A partir da fala daquela atendente entendeu que não precisava mais ter aquele sentimento negativo.

Este mesmo aluno, ao iniciar o curso a Gratidão Transforma, deu-se conta que além de deixar de ser ríspido deveria agradecer – como sugeriu brilhantemente a atendente do caixa – por ter condições de pagar suas contas e em dia! Daí em diante, a partir do momento em que pegava o boleto para pagar, agradecia por ter condições financeiras para saldar seus débitos, e usufruir de uma série de confortos pelos quais estava pagando.

Outra aluna de um de meus cursos relatou que sempre chegava ao final do mês sem dinheiro, e acabava por pedir emprestado aos pais, que a socorriam financeiramente. Ela não se conformava, pois tinha uma boa remuneração por seu trabalho, e gastava compulsivamente, até ver-se zerada mensalmente. Fazendo um exercício de visualização, lembrou-se de uma cena da adolescência, em que seu irmão dizia que sua mesada sempre era maior do que a dela, pois "torrava" todo o dinheiro e os pais lhe cobriam as despesas, enquanto ela guardava o que recebia por meses, para gastar com parcimônia em algo que lhe agradasse. Naquele dia ela sentiu-se uma verdadeira otária perante seu irmão, e movida pela raiva, daí em diante começou a fazer o mesmo que ele, hábito que perdurava até aqueles dias.

Durante o exercício ela percebeu que não precisava mais gastar o dinheiro compulsivamente para igualar-se ao seu irmão adolescente (que se tornou um adulto responsável assim que começou a bancar as próprias contas). Ao fazer o curso da Gratidão percebeu que podia ser grata por seu padrão natural de ser econômica, e que não era nenhuma "otária" por isso. Contou-me, meses depois, que além de não terminar o mês zerada, já estava economizando dinheiro e planejava juntar para comprar seu primeiro imóvel.

Como você pode perceber, algumas experiências falam mais alto do que nosso próprio padrão, e adquirimos atitudes, hábitos que nos prejudicam. Podemos mudar e ressignificar estas experiências, por meio da gratidão, para que entremos ou voltemos à estrada da prosperidade.

E o que é ressignificar? É dar um novo significado para algo que aconteceu no passado, contar a história vendo-a por um outro ângulo, e mudar a partir daí as respostas que daremos para experiências semelhantes.

Dia 4

Ressignificando Experiências

Neste exercício vamos voltar para situações que originaram maus hábitos em relação ao dinheiro, tanto na forma de ganhar como na forma de gastar, originados por alguma experiência negativa que tenhamos vivenciado.

Comece escrevendo uma experiência negativa em relação ao dinheiro que você teve. Descreva o que aconteceu, com quem você estava, como você se sentiu naquela ocasião. Exemplo: ter sido promovido em seu primeiro emprego e não ter conseguido atender às expectativas de seu superior, perdendo o cargo e o aumento de salário. Sentiu-se envergonhado perante os colegas, incapaz de enfrentar novos desafios e desvalorizado por ter perdido a promoção.

A seguir compare com o que você faz hoje em situações semelhantes, tanto nas ações, quanto nos sentimentos que têm. Exemplo: perceber que sempre sai do emprego antes de ser promovido, sentindo-se com medo das novas responsabilidades, e perceber que se sente igual ao seu primeiro emprego.

Depois feche os olhos e reflita no que você aprendeu com este hábito negativo. Escreva: "agradeço por ter aprendido hoje que (anulação do velho hábito anterior, por exemplo: não preciso mais ter medo de novos desafios) e sou capaz de (descreva sua nova atitude, por exemplo: conquistar novos patamares profissionais porque me preparei e sou merecedor)."

Agradeceu o aprendizado? Agora é hora de você se comprometer consigo mesmo. Cada vez que a situação se repetir, você conscientemente tomará a nova atitude descrita acima. *Exemplo 1:* o meu aluno da fila do banco pagará a conta agradecendo por ter o dinheiro suficiente e sendo educado com o atendente do caixa. *Exemplo 2:* minha aluna irá separar o dinheiro para as despesas mensais, devolverá mensalmente uma quantia fixa para os pais e quitará suas dívidas.

Por último, agradeça cada vez que realizar este novo comportamento.

Recapitulando

EXERCÍCIO NÚMERO 4:
Ressignificando Experiências

1. Ao acordar ou antes de dormir, anote em seu Caderno da Gratidão pela Prosperidade Financeira os três itens de hoje relacionados à prosperidade financeira pelos quais é grato; releia-os e diga em voz alta três vezes: obrigado(a), obrigado(a), obrigado(a).
2. Escreva uma experiência negativa em relação ao dinheiro que você teve.
3. Compare com o que você faz hoje em situações semelhantes, tanto nas ações, quanto nos sentimentos que têm.
4. Feche os olhos e reflita no que você aprendeu com este hábito negativo. Escreva: "agradeço por ter aprendido hoje que (anulação do velho hábito anterior, exemplo: não preciso mais ter medo de novos desafios) e sou capaz de (descreva sua nova atitude, por exemplo: conquistar novos patamares profissionais porque me preparei e sou merecedor)."
5. Comprometa-se consigo mesmo. Cada vez que a situação se repetir, você conscientemente tomará a nova atitude descrita anteriormente.
6. Agradeça cada vez que realizar este novo comportamento.

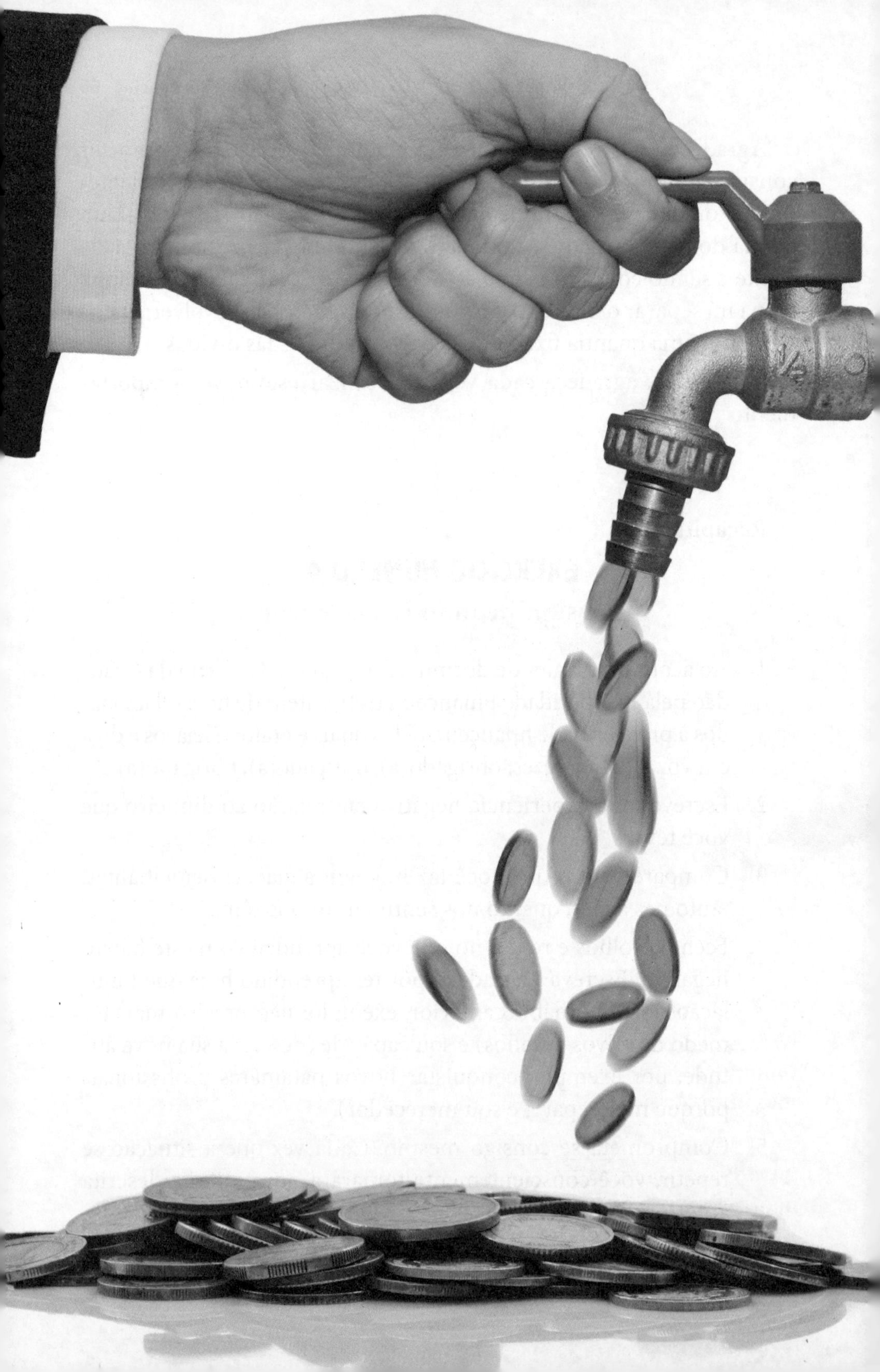

Ganhar e gastar. Um equilíbrio necessário

Quando eu era mais jovem e estava numa condição financeira bem apertada, imaginava que as pessoas ricas ganhavam muito dinheiro e gastavam ao seu bel-prazer, vivendo num paraíso. Não conseguia conceber o dinheiro vindo de outra forma que não fosse trabalho duro, suado, matando um leão por dia. E na minha experiência nunca sobrava dinheiro para poder gastar como quisesse. Isto era frustrante e era o que eu tinha por realidade.

Durante meus quase 30 anos de formação, li muito sobre prosperidade, e comecei a me dar conta que as pessoas ricas conseguiam fazer dinheiro gerar mais dinheiro, a partir de um determinado momento, sem terem que matar o tal leão por dia. Não significa que elas não fizessem mais nada e o dinheiro crescesse como se tivesse posto fermento. Elas ainda gerenciavam seu capital, mas o montante inicial havia sido gerado muito antes para elas estarem naquele patamar de prosperidade.

Também tinha aquela falsa ideia de que ganhando pouco eu nunca teria como guardar dinheiro e que só quem ganhava muito poderia fazer isso. Essa crença limitante também foi totalmente eliminada durante meus estudos. Descobri algo que não me passava pela cabeça: **não importa o quanto você ganha, mas o quanto você guarda**.

Lendo o livro do Carlos Wizard Martins, *Desperte o Milionário que há em Você*, sobre a trajetória dele, deparei-me com um trecho que não me saiu da cabeça por muitos dias. Ele contava que quando a rede Wizard completou 10 anos de existência ele resolveu fazer um megaevento em Orlando, na Flórida, para comemorar em alto estilo, premiando colaboradores e promovendo palestras e *workshops*. Porém, após a realização deste, ainda no quarto do hotel, nos Estados Unidos, sua esposa o indagou do motivo pelo qual estava "tão entusiasmado e empolgado". Ele respondeu que há 10 anos encontrava-se desempregado e naquele momento tinha uma escola que gerava milhares de empregos, educava muita gente, entre outras coisas. Ela lhe perguntou então se ele sabia o quanto tinham na conta bancária naquele momento. Ele respondeu que não. E foi aí que ele entrou em choque ao descobrir que após 10 anos tinha exatos 3.000 reais em conta. Confesso que eu também fiquei abismada: "Como assim, uma grande franquia render ao dono somente 3.000 reais após 10 anos?"

Carlos Wizard conta que a partir daquele momento reformulou toda a empresa e passou a usar um sistema de gestão diferente do que aplicava até então. Para resumir aqui seu ensinamento, seja lá o quanto for que você ganhe, separe 20% do que ganha – na fonte – para sua poupança, e viva com os 80% restantes. Os 20% que você separou não podem existir para você e para sua mente para serem gastos. Esses 20% são sagrados e devem ser poupados, ou melhor aplicados, para que comecem a trabalhar para você.

Este princípio também é referendado por T. Harv Eker, quando fala para abrirmos nossa "Conta da Liberdade Financeira". Ele diz que, independentemente da quantidade de dinheiro que receba, deve separar 10% do montante nesta conta, que servirá para fazer investimentos e gerar mais dinheiro, que garantirão sua aposentadoria. Eker também nos alerta dizendo que as pessoas costumam olhar pelo lado errado da situação, ao dizerem: *"Quando tiver muito dinheiro, começarei a administrá-lo"*. Ele nos adverte dizendo que devemos pensar – e agir – assim: *"Quando eu começar a administrar minhas finanças terei muito dinheiro."*

Não sei se você percebe, mas quando pensamos que não temos o suficiente para poupar simplesmente estamos desmerecendo o que temos, ou seja, não estamos usando a gratidão em todo seu potencial.

Quando você diz a alguém: "Você não é tudo aquilo que eu sonhava, baby", você acha que esta pessoa vai ficar ao seu lado? A não ser que seja algum masoquista, ou tenha a autoestima lá na ponta do chinelo, garanto que não vai.

E o dinheiro age como uma pessoa, exatamente de acordo com a energia que você dedica a ele. Se você olha para seu contracheque ou extrato de banco com aquela cara de desapontamento, dizendo: "Você não é tudo aquilo que eu sonhava, *money*", você está desmerecendo o potencial do dinheiro como desmerece o da pessoa hipotética que citei. Ele também vai virar as costas para você. Ele não vai se esforçar para lhe agradar. Ele irá para o bolso de alguém que é grato ao que recebe.

Se você tiver 10 reais, separe 1 ou 2 reais e coloque num cofrinho, para começar. Cada vez que receber seu salário ou for pago por um serviço, separe a porcentagem que puder no momento, seja 10 ou 20% para poupar e investir.

E aqui fica terminantemente PROIBIDO dizer que não dá, que não está sobrando um único centavo, que é impossível guardar de 10 a 20% se o que você ganha hoje já não paga as contas. Se for necessário refaça as contas, corte gastos, consiga novas fontes complementares de renda, mas guardar de 10 a 20% de tudo o que entrar, como primeira providência, antes mesmo de pagar as contas, será obrigatório, combinado?

Lembre-se: nada muda se você não mudar. Foi agindo como sempre agiu que você chegou à vida que tem hoje. Se não está completamente satisfeito com o que construiu, precisará mudar o padrão mental e de comportamento a começar AGORA.

Se quiser você depois poderá conhecer o sistema de T. Harv Eker no livro *Os Segredos da Mente Milionária*, que é interessante por contemplar outras áreas: despesas a longo prazo, instrução financeira (e outros cursos), conta da diversão, doações e necessidades básicas (aqui ele coloca 50% de tudo o que ganha). O que significa que os outros 50% serão todos direcionados para as outras contas/despesas.

Desta forma seu dinheiro passa a ter destino certo, ter foco, e você enxerga o potencial dele como instrumento criador de melhorias em sua vida. Você começa a ter gratidão por tudo o que ele lhe proporciona. E adivinhe? Ele vai trabalhar com prazer para você!

Ensinei em meu livro/curso *A Gratidão Transforma* o seguinte exercício, que quero que repita se já o conhecer, ou o faça agora se for a primeira vez que entra em contato com ele: pegue uma nota de 50 ou de 100 reais. Num papel escreva: "OBRIGADO POR TODO O DINHEIRO QUE RECEBO AO LONGO DA VIDA!"

Agora cole este bilhete em seu dinheiro. Esta nota será o seu "ímã" que atrairá mais dinheiro para você. Coloque esta nota em sua carteira, e cada vez que a abrir, segure sua nota e repita: "OBRIGADO POR TODO O DINHEIRO QUE RECEBO AO LONGO DA VIDA!" Aproveite e tire uma bela foto de sua nota e poste em seu Instagram com nossa marcação: **#agratidaotransforma, #marcialuz**. Como disse também no outro livro, poste sem medo da opinião alheia. Não dê ouvidos às suas crenças limitantes e mostre o quanto é grato ao dinheiro que você tem.

O próximo exercício é para você fortalecer exatamente esta gratidão pelo dinheiro que tem hoje, e abrir caminho para que ele faça mais por você.

Dia 5

Aprendendo a Poupar Enquanto Agradece

O exercício de hoje é o seguinte:

Você vai pegar o seu contracheque ou o extrato bancário com seus ganhos, caso seja autônomo. Se estiver desempregado, e tiver só um dinheirinho ainda que emprestado na carteira, pegue este montante. Agora quero que você escreva: "SOU GRATO POR ESTE DINHEIRO QUE TRABALHA INCESSANTEMENTE PARA MIM, TRAZENDO ABUNDÂNCIA EM MINHA VIDA." Prenda esta mensagem junto ao seu contracheque, extrato ou dinheiro da carteira, e carregue consigo pelo próximo mês, lendo a frase com total intenção toda vez que a vir.

Em seguida você vai precisar fazer contas. Quero que calcule 10% do que ganhou, descontados os impostos, ou seja, seu ganho líquido. Se for o dinheiro em sua carteira, só calcule os 10%. Este valor deverá ter só dois possíveis destinos: uma conta poupança, que não poderá ser movimentada (a não ser que você já saiba fazer investimentos), ou um cofrinho (pode ser até um vidro qualquer, transformado em cofre), no qual depositará os 10% do dinheiro que tem agora. A regra é a mesma. Este dinheiro não é para ser usado; é para ser guardado.

Depois de calculado e separado o dinheiro, você colocará um papel com as palavras abaixo fixadas no cartão da poupança, da aplicação ou no cofrinho: "ADMINISTRO MEU DINHEIRO E SOU GRATO A TODA A PROSPERIDADE QUE CHEGA ATÉ MIM. GRATIDÃO, GRATIDÃO, GRATIDÃO!"

A partir de hoje, acima de tudo o que você ganhar será calculado 10%, que será separado para esta poupança da Gratidão. É importante que esta seja a primeira providência a ser tomada assim que o dinheiro entrar, antes mesmo de pagar as contas do mês.

Mas Marcia, e se faltar dinheiro para as despesas? Aí você tem duas opções: cortar custos ou descobrir uma forma de aumentar a receita. Só o que não é opcional é deixar de guardar esses 10% que garantirão sua prosperidade financeira.

Se tiver filhos, ensine-os a fazer o mesmo com a mesada que lhes der, criando o hábito desde pequenos.

Recapitulando

EXERCÍCIO NÚMERO 5:
Aprendendo a Poupar Enquanto Agradece

1. Ao acordar ou antes de dormir, anote em seu Caderno da Gratidão pela Prosperidade Financeira os três itens de hoje relacionados à prosperidade financeira pelos quais é grato; releia-os e diga em voz alta três vezes: obrigado(a), obrigado(a), obrigado(a).
2. Escreva num pequeno papel: "sou grato por este dinheiro que trabalha incessantemente para mim, trazendo abundância em minha vida" e prenda esta mensagem em seu contracheque, extrato ou dinheiro da carteira, e carregue consigo pelo próximo mês, lendo a frase com total intenção toda vez que a vir.
3. Calcule 10% do que ganhou, descontados os impostos, e coloque numa conta poupança/aplicação, ou num cofrinho.
4. Coloque um papel com a seguinte frase fixada no cartão da poupança, da aplicação ou no cofrinho: "Administro meu dinheiro e sou grato a toda a prosperidade que chega até mim. Gratidão, gratidão, gratidão!"

5. A partir de hoje, acima de tudo o que você ganhar será calculado 10%, que será separado para esta poupança da Gratidão. Se tiver filhos, ensine-os a fazer o mesmo com a mesada que lhes der, criando o hábito desde pequenos.

STATEMENT
OVERDUE
STUFF 1000

TAX INVOICE
PAYMENT
STUFF 800

TAX INVOICE
PAYMENT DUE
STUFF 800

Gastar compulsivamente – promovendo a mudança de hábitos

Muitas vezes não são somente as contas ordinárias que fazem o dinheiro escorrer por seus dedos. Como falei anteriormente, é preciso haver equilíbrio e foco na hora de usar o seu dinheiro. Gosto muito de uma frase que diz: *"Para quem não sabe aonde vai, qualquer caminho basta."* Com o uso do dinheiro, vale a mesma regra. Se você não sabe para o que ele serve em sua vida, ele vai embora tão rápido quanto entrou, e com uma desvantagem: a insatisfação crônica que tomará conta de você, por sentir que nunca tem o bastante.

O que sentimos determina o que pensamos, e o que pensamos determina como agimos. Lembre-se, a forma como nos sentimos em relação ao dinheiro – e a gastá-lo – vem muitas vezes do que ouvimos, aprendemos dos outros e vivenciamos nós mesmos. Portanto, para mudarmos o hábito de gastar compulsivamente, temos que primeiramente descobrir o motivo pelo qual fazemos isso.

Lembra daquela minha aluna que gastava todo seu salário e pedia emprestado para os pais? Ela gastava compulsivamente, comprando coisas que nem precisava, porque se sentia uma "otária", e mais, tinha ciúmes do irmão que recebia a atenção – e dinheiro – de seus pais com a atitude inconsequente de "torrar" todo o dinheiro. Enquanto ela não desvinculou a necessidade de ganhar afeto dos pais do ato de gastar compulsivamente o dinheiro, ela não sanou este comportamento.

Da mesma forma que podemos desenvolver compulsão por comer ou por beber para compensarmos alguma falta emocional, também desenvolvemos a compulsão por gastar pelo mesmo motivo.

Agora, vamos destrinchar o que é uma falta emocional. Você tem o amor de seus pais ou de seu(sua) companheiro(a) e não é suficiente. Você vai bem na sua carreira, mas sente que não é reconhecido por seus pares. Você tem um grupo de amigos, mas a atenção que eles lhes dão é menor do que a que dirigem a outro colega. Desculpe, mas terei que falar novamente de gratidão! Quem se sente assim não é grato pelo que recebe, seja amor, reconhecimento ou atenção. Se você não é grato, você DESMERECE o que veio até você. Então, me diga, como vai querer que coisas boas lhe aconteçam, com esta mentalidade de que sempre há algo faltando em sua vida?

Veja bem, eu não estou estimulando aqui uma postura passiva, conformista, de simplesmente se contentar com o pouco que tem e não buscar crescer na vida. Precisamos ter metas audaciosas e seguir adiante, mas isso não significa deixar de ser grato pelo que já recebeu da vida e do universo. A ingratidão só aumenta o buraco existencial, a sensação de falta e aí você fica tentando preencher o buraco emocional sem fundo que existe em você com coisas materiais.

Vamos nos debruçar sobre alguns exemplos de como se gasta compulsivamente quando este buraco emocional está presente. Seja lá qual for a falta emocional original, ela lhe causa aquela sensação na boca do estômago de que você precisa ter "mais" de algo. É quando você acha que deve: comprar mais uma blusinha pois as 30 que têm na gaveta não são suficientes; ou comprar mais um par de sapatos, pois você é uma centopeia, com certeza. Mais um creme hidratante ou batom além dos vários que já têm estocados no banheiro, talvez? Ou que deve trocar seu computador, televisor ou celular, pois está desatualizado, e saiu um modelo **ma-ra-vi-lho-so** que você simplesmente necessita; ou uma roupa de cama nova além das cinco que já têm no armário (afinal você deve lavar lençóis em dias alternados...). Também tem aquela necessidade de ir ao mercado e comprar todos os produtos em promoção, do papel higiênico ao molho de tomate, pois aí você estará economizando (quando na realidade está cheio de produtos prestes a perder o prazo de validade no armário, de tão abarrotado).

Quando você compra vem aquela sensação de felicidade, e você ignora o friozinho na barriga ao ver o valor da compra, confesse. Você balança a cabeça, jogando fora aquele pensamento sobre "o quanto eu gastei agora". O que são mais 20, 30 ou 50 reais saindo de sua conta, não é mesmo, frente à felicidade de levar aquele objeto de desejo para casa?

Eu respondo para você: este dinheiro saindo desgovernado de sua conta, sem foco, sem propósito, sem direção, é o reflexo de sua mentalidade de escassez, e é o que mantém você neste estado. E veja bem, não é pelo fato do dinheiro ser gasto que ele lhe traz escassez. É pelo fato dele ser MAL GASTO, mal direcionado.

Por exemplo: tive um aluno que relatava fazer de duas a três compras de mercado na semana, a ponto de a esposa reclamar que não cabia mais nada na geladeira. Perguntei-lhe como se sentia ao fazer as compras, e ele respondeu-me que se sentia orgulhoso de poder prover tudo aquilo para a família. Porém, quando chegava em casa sua esposa o fazia perceber que havia exagerado na dose e não conseguiriam comer toda aquela comida (ou que ainda havia o mesmo produto para ser consumido e iria estragar), e sua satisfação acabava imediatamente, sempre se questionando por que fazia aquilo. Investigando detalhadamente descobrimos que a razão era sua infância de extrema pobreza, em que dificilmente a família conseguia fazer duas refeições ao dia. Ele ainda se enxergava dentro daquele passado, e não conseguia sentir que estava bem financeiramente. Quando conseguiu ser grato tanto pela lição do passado quanto pela situação que tinha naquele momento, suas compras compulsivas terminaram.

Para que você entenda onde entra a gratidão neste processo e sinta-se motivado, quero lhe contar sobre a pesquisa de David de Steno, do Departamento de Psicologia da Universidade de Boston, que estudou a relação entre gratidão e prosperidade. Ele fez uma pesquisa com voluntários, que deveriam escolher entre duas opções:

A) Receber uma quantia X de dinheiro naquele momento;

B) Esperar 30 dias para receber o dinheiro, recebendo o valor triplicado.

Antes de escolherem entre as duas opções, os voluntários foram divididos em três grupos, em que o grupo:

1. Era estimulado ao estado de gratidão;
2. Era estimulado ao estado de alegria;
3. Não recebiam nenhum estímulo, permanecendo como haviam chegado, em estado neutro.

Foi observado que o grupo 1, estimulado a estar em estado de gratidão, respondeu significativamente mais à opção B, ou seja, postergou o recebimento do dinheiro prometido. A conclusão a que se chegou é que a Gratidão controla a fúria consumista e o desejo do prazer imediato. Pessoas habituadas a agradecer conseguem esperar e postergar as sensações de prazer imediatas, para poder tê-las depois de forma consistente e duradoura.

Desta forma, em relação à prosperidade financeira, quem consegue controlar a compulsão para gastar (e a satisfação imediata e momentânea), consegue poupar e/ou aplicar o dinheiro economizado. Com este ato ela está alimentando sua prosperidade financeira a médio e longo prazo, o que lhe trará satisfação consistente e duradoura.

Para chegar a este estado é preciso conscientizar-se do que faz, suas consequências, disciplina para mudar os hábitos e acima de tudo, gratidão.

Dia 6

Utilizando o Dinheiro com Consciência e Gratidão

Primeiramente você fará uma autoanálise. Para isso vai precisar listar em que áreas de sua vida você gasta compulsivamente. Como você viu, pode ser em bens de consumo, alimentos, cuidados pessoais, saídas com amigos. Seja honesto e liste com o que você gasta sem pensar, para sua satisfação momentânea, comprometendo suas finanças mês a mês.

Depois escreva como você se sente quando faz estas compras compulsivas. Confiante, orgulhoso, excitado, desafiador, seguro, provedor? Lembre-se de como fica sua respiração, com que postura sai da loja, o que pensa no momento.

Quero que vá mais fundo e lembre-se das suas três últimas compras compulsivas, e relacione qual era o seu estado de espírito antes de realizar suas compras. Você talvez estivesse chateado, triste, com raiva, enciumado, sentindo-se impotente, incapaz? Devido a que fatores? O que aconteceu antes?

Se você conseguiu chegar até aqui, você acaba de fazer um mapa de seu comportamento provocado por seus sentimentos. Conclua ao lado de cada item qual era a "falta" que você estava compensando com aquelas compras, e a localize, descobrindo se está relacionada com eventos passados ou eventos recentes.

Até esse momento você estava vendo o copo "meio vazio". Você só estava enxergando o que faltava. Agora você vai começar a enxergar o copo "meio cheio", a partir da Gratidão. Escreva: "SOU GRATO POR TER APRENDIDO A SUPERAR (escreva aqui a situação que gerou seu comportamento de compra compulsiva). A PARTIR DE AGORA TAMBÉM SOU GRATO POR APRENDER QUE NÃO PRECISO MAIS ME SENTIR (escreva aqui o sentimento ruim que tinha), POIS ISTO FICOU NO PASSADO, NEM PRECISO COMPRAR COMPULSIVAMENTE (escreva aqui o que você comprava) PARA SENTIR-ME (coloque a sensação de satisfação momentânea que você tinha)."

Exemplo: SOU GRATO POR TER APRENDIDO A SUPERAR a carência que me fazia comprar e comer muitos doces. A PARTIR DE AGORA TAMBÉM SOU GRATO POR APRENDER QUE NÃO PRECISO MAIS ME SENTIR abandonada, POIS ISTO FICOU NO PASSADO, NEM PRECISO COMPRAR COMPULSIVAMENTE muitos doces para sentir prazer.

A compreensão de um problema e identificação de sua origem é um passo poderoso para libertar-se dele e foi o que você acabou de fazer.

Parabéns!

Recapitulando

EXERCÍCIO NÚMERO 6:
Utilizando o Dinheiro com Consciência e Gratidão

1. Ao acordar ou antes de dormir, anote em seu Caderno da Gratidão pela Prosperidade Financeira os três itens de hoje relacionados à prosperidade financeira pelos quais é grato; releia-os e diga em voz alta três vezes: obrigado(a), obrigado(a), obrigado(a).
2. Liste em que áreas de sua vida você gasta compulsivamente.
3. Escreva como você se sente quando faz estas compras compulsivas.

4. Lembre-se das suas três últimas compras compulsivas, e relacione qual era o seu estado de espírito antes de realizá-las.
5. Anote ao lado de cada item qual era a "falta" que você estava compensando com aquelas compras, e a localize, descobrindo se está relacionada com eventos passados ou eventos recentes.
6. Escreva: "SOU GRATO POR TER APRENDIDO A SUPERAR (escreva aqui a situação que gerou seu comportamento de compra compulsiva). A PARTIR DE AGORA TAMBÉM SOU GRATO POR APRENDER QUE NÃO PRECISO MAIS ME SENTIR (escreva aqui o sentimento ruim que tinha), POIS ISTO FICOU NO PASSADO, NEM PRECISO COMPRAR COMPULSIVAMENTE (escreva aqui o que você comprava) PARA SENTIR-ME (coloque a sensação de satisfação momentânea que você tinha)."

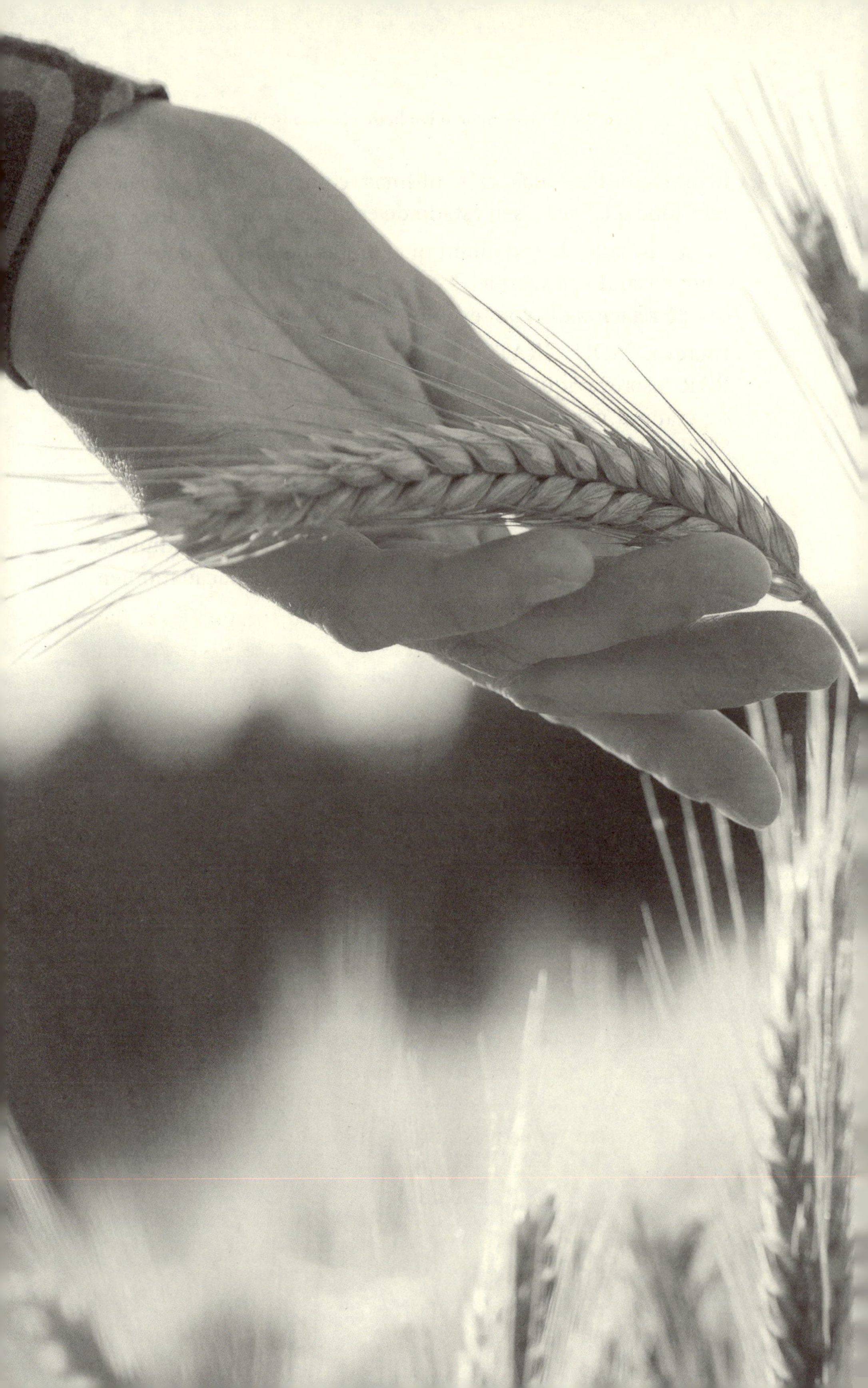

Quem é responsável por sua prosperidade?

Quando nos deparamos com acontecimentos desagradáveis, inclusive financeiros, sentimos muitas vezes que fomos "bombardeados" pela vida, não é mesmo? E um dos hábitos que a maioria das pessoas tem é buscar um culpado.

Um dos meus alunos escrevia romances e se autopublicava, por meio da Amazon, ou os disponibilizava gratuitamente. Ele tinha muitos leitores e almejava publicar seu livro por uma editora. Antes de entrar para meu curso, a cada recusa do material por parte de uma editora, postava em suas redes sociais seu descontentamento, e falava mal do mercado editorial. Também tinha o costume de postar sobre a má remuneração que tinha como funcionário público e frequentemente contava que ele ou alguém de sua família haviam sido assaltados ou que qualquer outra coisa ruim tinha acontecido, motivo para reclamar da segurança pública, da violência, do sistema educacional falido que formava bandidos no lugar de cidadãos decentes.

Ao iniciar a jornada da Gratidão, percebeu que reclamava de tudo de ruim que acontecia com ele, mas em momento algum agradecia pelas coisas que já havia conquistado em sua vida: leitores fiéis, conseguir se autopublicar, ter um emprego estável, uma boa família... Identificou também mais uma coisa: ele sempre se colocava como vítima da situação, na posição de "coitadinho de mim". Resolveu então começar a agradecer pelo que tinha naquele momento.

Ele conta que as mudanças aconteceram rapidamente. Foi promovido em seu emprego, e teve um ganho de causa num processo que se movia lentamente há anos; sua esposa também subitamente foi promovida na escola em que trabalhava. Bateram em seu carro velho, e foi dado perda total. Como o seguro pagou preço de tabela pelo carro, ele pôde juntar com algumas economias e finalmente comprou seu carro novo. A mãe de sua esposa resolveu presenteá-la e pagou uma viagem para eles para o litoral do Nordeste. Para melhorar, uma editora enfim entrou em contato com ele, e está em vias de publicação. Ele parou de reclamar, de se sentir vítima das situações que ocorriam, e sua vida simplesmente se alinhou, mediante o hábito da gratidão diária.

Agora é sua vez.

Dia 7

Sou Responsável

Para o exercício que vou propor você terá que arranjar uma pulseira ou até mesmo um elástico, e colocar no pulso. Você vai se comprometer a usá-la ao menos durante os 33 dias de sua jornada e já vou explicar por quê.

A partir de hoje, quando algo ruim ou que lhe desagrade acontecer e você começar a reclamar da situação ou de alguém – colocando-se como vítima da situação – você terá que mudar a pulseira ou elástico de pulso imediatamente. E aqui pouco importa se a reclamação foi verbal ou apenas em pensamento. Reclamou, criticou ou julgou, vai trocar a pulseira de lado. Reclamou porque teve que trocar a pulseira, pois troque de novo. Ao mesmo tempo que faz isso, pergunte-se: "Quero continuar reclamando e de mimimi e ser responsável por ter mais disto aqui em minha vida?"

Em seguida, reflita rapidamente sobre o que você aprendeu com aquele acontecimento e diga: "Agradeço por (diga o que ocorreu) porque aprendi/ganhei com isto (e diga o que aprendeu ou ganhou)".

Deixe-me dar dois exemplos para que você entenda melhor o contexto: quando já estava no curso e um original de seu livro foi recusado, meu aluno, em vez de reclamar, entrou em contato com o editor e humildemente perguntou se ele poderia dizer no que ele deveria melhorar seu livro para ser publicado. O editor lhe deu dicas valiosas, e com isto aquele mesmo original, com as melhorias, foi aceito para publicação. Ele disse a seguinte frase: "Agradeço por terem recusado o meu original, pois aprendi com isto que precisava melhorar meu livro para ser publicado".

O mesmo aluno, quando teve o carro batido e com perda total, disse: "Agradeço porque esse acidente não gerou qualquer tipo de dano físico e me alertou para a importância de dirigir com mais atenção; houve apenas perda total no carro, o que no final me permitiu receber mais dinheiro do que se tivesse vendido o carro, e com esse valor mais minhas economias, posso ter meu carro novo agora."

Recapitulando

EXERCÍCIO NÚMERO 7:
Sou Responsável

1. Ao acordar ou antes de dormir, anote em seu Caderno da Gratidão pela Prosperidade Financeira os três itens de hoje relacionados à prosperidade financeira pelos quais é grato; releia-os e diga em voz alta três vezes: obrigado(a), obrigado(a), obrigado(a).
2. Comece a utilizar uma pulseira ou um elástico em um de seus pulsos.
3. Cada vez que reclamar, julgar ou criticar troque a pulseira de baixo. Ao mesmo tempo que faz isso, pergunte-se: "Quero continuar reclamando e de mimimi e ser responsável por ter mais disto aqui em minha vida?"
4. Reflita sobre o que aprendeu com aquele acontecimento e diga: "Agradeço por (diga o que ocorreu) porque aprendi/ganhei com isto (e diga o que aprendeu ou ganhou).

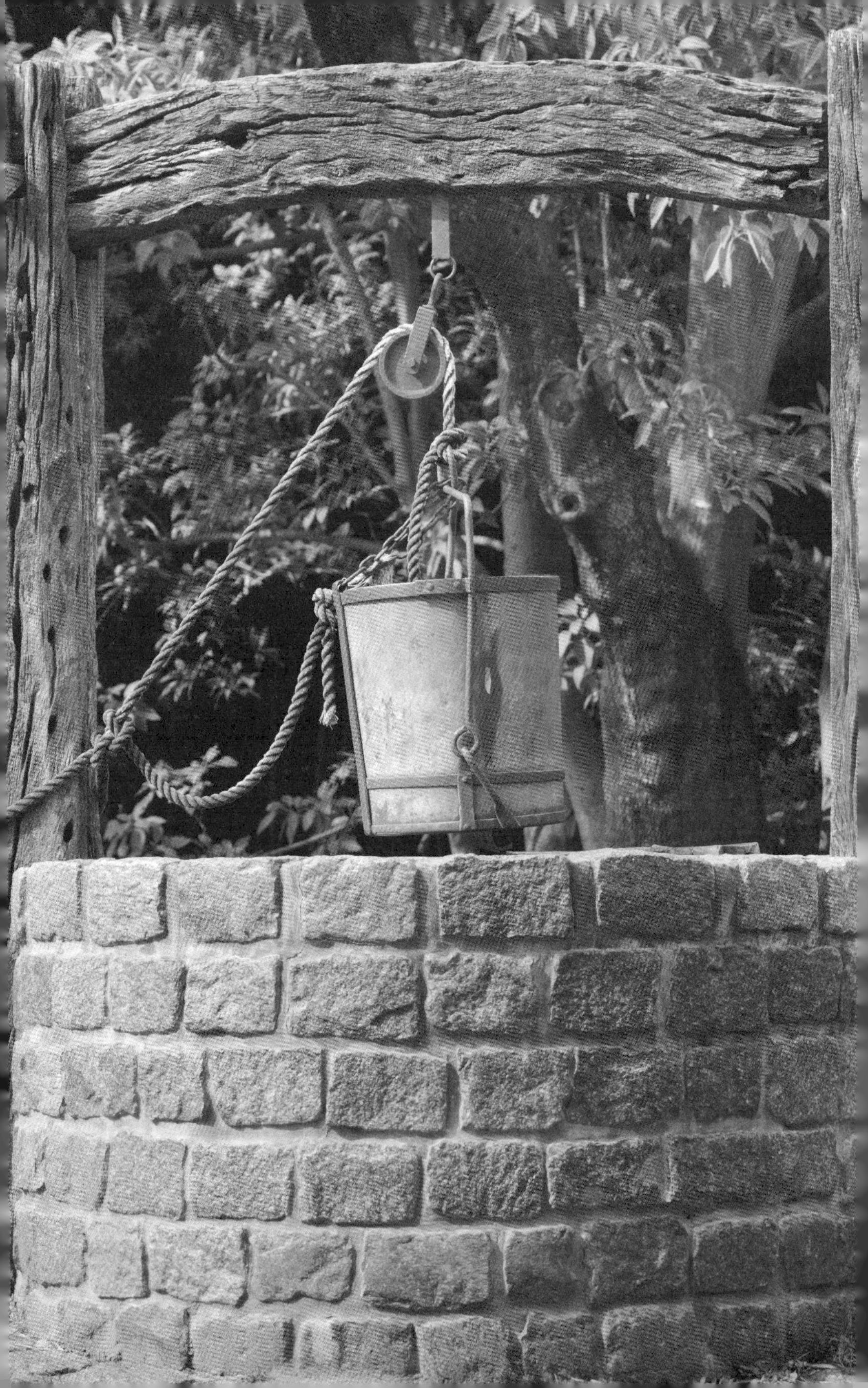

No fundo do poço ou no início da subida?

Talvez você esteja lendo tudo isto e pensando: mas eu estou no fundo do poço. Estou sem emprego, minhas contas estão atrasadas. Não estou me colocando como vítima, sei que sou responsável, mas está mesmo difícil e não vejo saída. Como é que vou ter gratidão? Já pedi tanto a Deus, aos santos, ao universo por um emprego, por uma oportunidade, por que não recebo isto?

Eu sei que este é um dos momentos mais difíceis para agradecer, e definitivamente não é o momento certo para pedir nada ao universo ou a Deus. Não se enraiveça comigo, vou lhe explicar o motivo: quando pedimos algo, é porque **sentimos que algo nos falta**. Imagine Deus ou o universo vendo-o de lá de cima: você pensa que quer um emprego, sente que está no fundo do poço, e sua ação é reclamar o tempo todo. Você está alinhado com a **falta**, com a **escassez**! E é exatamente isto que você vai ter, mais e mais, se continuar assim. Por isso, não peça. Agradeça!

Aliás, quando alguém me diz que está no fundo do poço eu costumo responder: "Então comemore, porque quando a gente chega no fundo o único caminho que nos resta é subir e se os seus pés estão apoiados no fundo você poderá dar o impulso necessário para começar o caminho para o alto.

Uma de minhas alunas, terapeuta, entrou no curso da Gratidão deprimida, sem clientes, com dívidas e com um imóvel seu há meses sem alugar, e só lhe dando despesas. Cética, ao iniciar a jornada da Gratidão, mesmo sem acreditar começou a agradecer todo dia por ter uma profissão, ainda ter um teto, pela comida, enfim, por tudo. Agradeceu também pelo apartamento, e pela pessoa que iria morar ali e seria feliz. Três dias depois a imobiliária que cuidava do imóvel entrou em contato, pois havia alguém interessado em alugar. Ela agradeceu mais, espantada com a rapidez. Clientes começaram a retornar, e novos apareceram. Ela percebeu que seu bom humor natural retornou assim que começou a agradecer, e que realmente alinhar-se com a energia da gratidão lhe trouxe prosperidade na área financeira e em todas as outras áreas.

Outra aluna estava numa situação bem delicada, com o marido desempregado e ela num trabalho temporário, cujo contrato acabaria em menos de um mês. Começou a agradecer pelo que tinha: a casinha, a família unida, a saúde de todos, a cesta básica que alguém lhe dera.... Em menos de uma semana, o marido finalmente foi chamado para um emprego. No dia em que seu trabalho temporário terminaria, foi chamada para conversar no RH da empresa, e foi efetivada. A Gratidão mudou a vida de toda a família, quando estavam literalmente no fundo do poço, simplesmente porque ela se alinhou com o que tinha de bom em seu dia a dia, a partir da Gratidão.

DIA 8

Potencializando a Gratidão

O exercício a seguir tem a intenção de alinhar e potencializar o poder da Gratidão em sua trajetória.

Para isso você agora vai fazer uma lista dos motivos que têm para agradecer em sua vida. Imagine que você está enxergando melhor o que há de bom ao seu redor, como se a situação ruim pela qual está passando estivesse lhe dando a capacidade de realçar as coisas boas que têm. Comece a lista assim: "MESMO (acontecendo tal e tal coisa), EU PERCEBO AS BÊNÇÃOS QUE ME CERCAM E AGRADEÇO POR (lista de coisas boas). GRATIDÃO, GRATIDÃO, GRATIDÃO!"

Exemplo: MESMO estando desempregada, EU PERCEBO AS BÊNÇÃOS QUE ME CERCAM E AGRADEÇO PORQUE tenho uma família que me ama e apoia, porque tenho saúde e posso buscar novas oportunidades, porque tenho inteligência e vou descobrir um caminho para me recolocar no mercado de trabalho, porque tenho um teto para morar e formas de conseguir o meu sustento diário, porque tenho uma boa rede de relacionamento e muita gente está buscando oportunidades para mim, porque posso sentir o calor do sol e a brisa suave que toca a minha pele, porque o universo é abundante e está providenciando uma saída assim como faz com as aves do céu e as flores do campo.

Em seguida, anote no papel três coisas positivas que você aprendeu ao viver essa experiência de fundo do poço e conte para pelo menos três pessoas que podem aprender com você para que não cometam os mesmos erros ou não caiam nas mesmas armadilhas.

Compartilhar aprendizagens e experiências, inclusive aquelas oriundas de nossos erros, é uma grande prova de generosidade e doação. Tenho amigos palestrantes cujos temas de suas palestras são exatamente o momento fundo do poço e ao compartilharem que erros cometeram para chegar nesse lugar e que descobertas fizeram para sair de lá, ensinam lindas lições de vida para muita gente ao redor do mundo. Você não precisa virar palestrante, mas colabore ao menos com o crescimento de três pessoas compartilhando sua história, não com o foco no drama, mas na aprendizagem.

Recapitulando

EXERCÍCIO NÚMERO 8:
Potencializando a Gratidão

1. Ao acordar ou antes de dormir, anote em seu Caderno da Gratidão pela Prosperidade Financeira os três itens de hoje relacionados à prosperidade financeira pelos quais é grato; releia-os e diga em voz alta três vezes: obrigado(a), obrigado(a), obrigado(a).
2. Faça uma lista dos motivos que têm para agradecer em sua vida. Comece a lista assim: "Mesmo (acontecendo tal e tal coisa), eu percebo as bênçãos que me cercam e agradeço por (lista de coisas boas). Gratidão, gratidão, gratidão!"
3. Anote no papel três coisas positivas que você aprendeu ao viver essa experiência de fundo do poço e conte para pelo menos três pessoas.

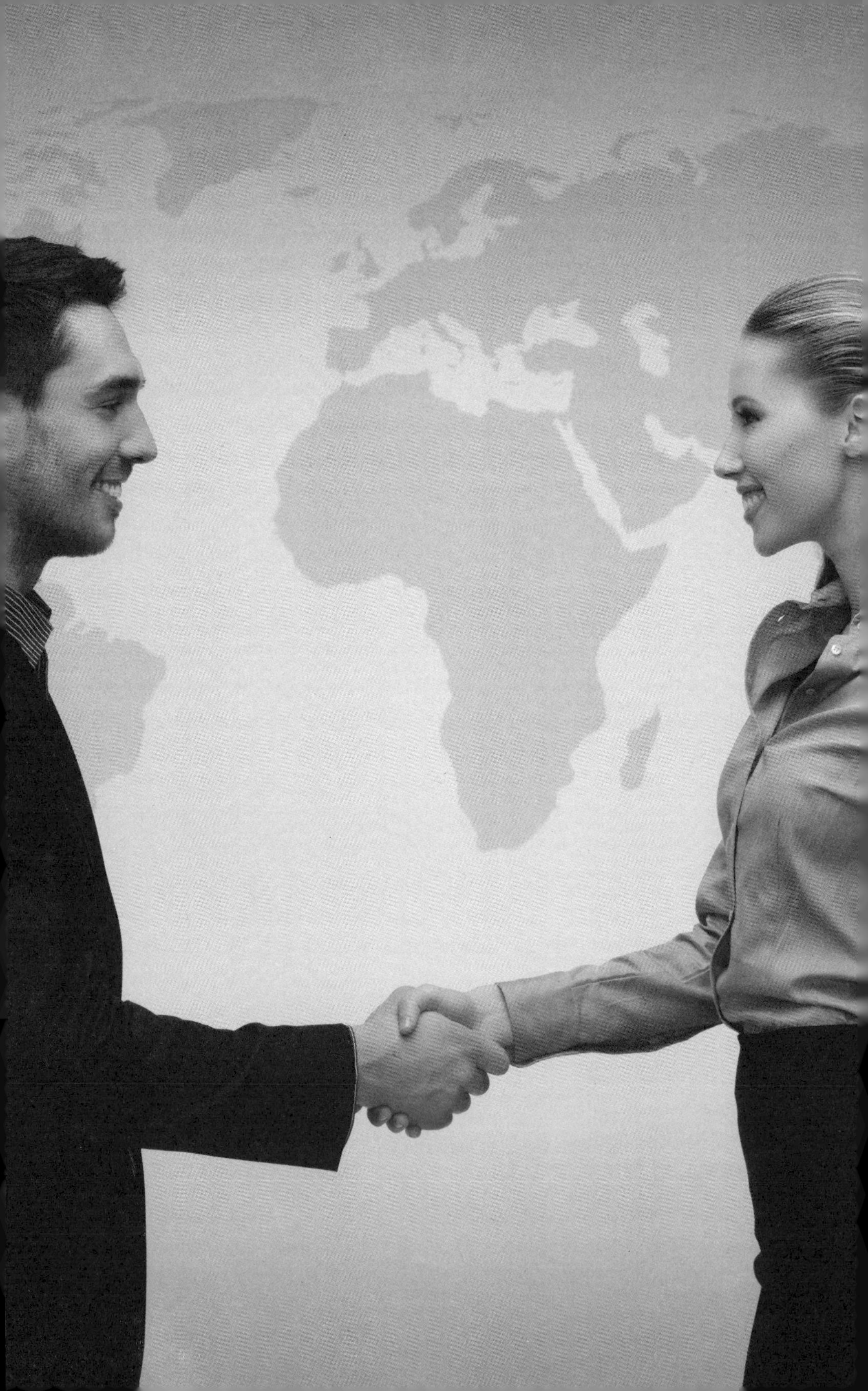

Comprometa-se

Muitas vezes quando somos crianças e temos um objetivo falamos que queremos alguma coisa para nossos pais, ou para um irmão ou amigo, e esta pessoa diz: "Não acredito. Se quer tanto isto, então me prove!"

Neste momento a gente fica irado e diz: "Pois eu vou te provar!" E faz de tudo para alcançar o seu alvo, o seu objetivo, mesmo que seja para mostrar para aquele petulante interlocutor de que você mata a cobra e mostra o pau! Sermos provocados nos gera uma sensação de comprometimento com o que queremos, e mais do que isso, com sua própria capacidade de fazer acontecer. Pouca coisa gera mais desejo de fazer acontecer do que um "eu duvido" sendo dito por alguém que quer provocá-lo.

Uma de minhas alunas conta que havia voltado com o esposo de um ano fora do país, onde estavam trabalhando como voluntários. Chegando ao Brasil, morando de favor na casa dos pais dele, iniciaram a busca por emprego, e sentiam-se exaustos por só encontrarem portas fechadas. Ela pesquisou qual era a média de salário de um profissional iniciante em sua área, pois haviam viajado recém-formados. Era um salário bem baixo, mas ela se contentaria com aquilo mesmo para iniciar. E falou para o marido: "Se eu conseguir um emprego, prometo que vou doar metade do meu primeiro salário para o orfanato que existe aqui no bairro." Naquela semana uma amiga lhe procurou, indicando uma empresa que buscava funcionários em sua área, que fossem fluentes em inglês. Em menos de uma semana estava empregada. Como falava inglês fluente, seu salário seria o dobro do que o estimado. Comemorou e agradeceu o que conseguiu, e fez a doação para o orfanato, que a recebeu em boa hora.

Perceba que quando esta aluna se comprometeu a dar metade de seu salário, ela lançou a seguinte mensagem ao universo: eu quero isto com muita intensidade, a ponto de prometer dividir a alegria de obter isto com alguém. Ela se comprometeu de tal forma que fez toda a energia à sua volta se intensificar – subir o nível – com a sua **intenção**. Ela provocou positivamente o Universo, alinhando o que pensava (preciso de um emprego), com o que sentia (sou merecedor de um emprego) e com a ação (comprometer-se a doar 50% do seu primeiro salário como forma de agradecer). Que alinhamento poderoso!

E este é o princípio ativo que faz com que as promessas religiosas surtam efeito. O que está em jogo não é sua barganha com Deus, mas o alinhamento da intenção, do pensamento, do sentimento e da ação. Se ela só fizesse a promessa ao universo, mas continuasse a lamuriar, lamentar e apostar no insucesso, com certeza esta vaga não apareceria. No entanto, minha aluna acentuou os motivos pelos quais precisava da vaga; agora não era só por ela e sua família, mas também pelas crianças do orfanato que precisavam do dinheiro. Mudou sua vibração energética e conectou com as possibilidades que já estavam bem à sua volta, só que até então invisíveis.

Quando você é grato seu coração se enche de generosidade pois tem a consciência de que recebe bênçãos do universo o tempo todo e de alguma forma sente-se impelido a retribuir, auxiliando aqueles que ainda não conquistaram o mínimo necessário para viver com dignidade. Gratidão e generosidade andam de mãos dadas e possuem o poder incrível de abrir as portas da prosperidade financeira.

Acompanhe comigo essa pequena história:

O Sapato
Um dia um homem já de certa idade abordou um ônibus. Enquanto subia, um de seus sapatos escorregou para o lado de fora. A porta se fechou e o ônibus saiu; então ficou impossível recuperá-lo.

O homem tranquilamente retirou seu outro sapato e jogou-o pela janela.

Um rapaz no ônibus, vendo o que aconteceu e não podendo ajudar ao homem, perguntou:

— Notei o que o senhor fez. Por que jogou fora seu outro sapato?

O homem prontamente respondeu:

— De forma que quem o encontrar seja capaz de usá-los. Provavelmente apenas alguém necessitado dará importância a um sapato usado encontrado na rua. E de nada lhe adiantará apenas um pé de sapato.

O homem mostrou ao jovem que não vale a pena agarrar-se a algo simplesmente para possui-lo e nem porque você não deseja que outro o tenha.

Perdemos coisas o tempo todo. A perda pode parecer penosa e injusta inicialmente, mas a perda só acontece de modo que mudanças, na maioria das vezes positivas, possam ocorrer em nossa vida.

Acumular posses não nos faz melhores e nem faz o mundo melhor. Todos temos que decidir constantemente se algumas coisas devem manter seu curso em nossa vida ou se estariam melhor com outros.

Autor desconhecido

E agora é sua vez de exercitar a generosidade e o comprometimento com o universo.

Dia 9

A Carta de Intenção

No exercício de hoje você vai fazer uma pequena Carta de Intenção. O que é isso? Você vai se comprometer a proporcionar a alguém ou a alguma instituição a mesma sensação de gratidão que sentirá ao ver sua vida mudar.

Escreva então uma pequena carta dizendo o que você vai dar ou doar quando sua situação financeira mudar. Voltaram os clientes, foi contratado e recebeu o primeiro salário, veio algum dinheiro inesperado? Seja qual for a situação, a Carta de Intenção valerá.

Com o que você pode se comprometer nela? Você pode se comprometer a doar mensalmente um dinheiro para uma instituição séria (10, 15, 25 reais); doar uma cesta básica por mês para alguém que saiba que necessite ou para alguma igreja fazer a distribuição por alguns meses; adotar um orfanato local e comprar bonecas e carrinhos para o Natal ou dia das crianças, ou levar produtos de higiene para um asilo mensalmente. Há muitas opções além destas, seja criativo e capriche na intenção.

Escrita a Carta de Intenção, date, assine e peça para alguém de sua casa ou um amigo assinar como testemunha, para que seu subconsciente entenda também que este é um compromisso sério.

Harv Eker em seu livro *Os Segredos da Mente Milionária* fala em separar 10% de seus ganhos para doação. Esta é a maneira de dizer ao universo que é grato por tudo o que a vida tem lhe proporcionado e que quer retribuir ainda que apenas com uma pequena parte. Você deve avaliar se está pronto para separar 10% para doação; vou deixar por sua conta definir o tamanho de sua generosidade, mas tenho certeza que o ato de doar mesmo no momento de falta só conecta com a abundância, livrando-o das amarras do egoísmo e da avareza.

E se você quer mesmo provocar o universo, faça a doação antes mesmo de sua parte chegar, tamanha sua certeza de que tudo dará certo. Mas lembre-se, a intenção não é barganhar com Deus pensando ou dizendo algo do tipo: "Olha Deus, eu já fiz minha caridade, doei 10% do que quero receber antecipadamente; agora faça a sua". A energia não pode ser essa. Apenas exercite a generosidade, conecte-se com a alegria de ter feito o bem aos mais necessitados e fique em paz. Com certeza as sementes plantadas e adubadas com generosidade florescerão.

Recapitulando

EXERCÍCIO NÚMERO 9:
A Carta de Intenção

1. Ao acordar ou antes de dormir, anote em seu Caderno da Gratidão pela Prosperidade Financeira os três itens de hoje relacionados à prosperidade financeira pelos quais é grato; releia-os e diga em voz alta três vezes: obrigado(a), obrigado(a), obrigado(a).
2. Faça uma pequena Carta de Intenção, comprometendo-se a proporcionar a alguém ou a alguma instituição algum auxílio financeiro, assim que alcançar seu objetivo financeiro traçado.
3. Date, assine e peça para alguém assinar como testemunha, para que seu subconsciente entenda que este é um compromisso sério.
4. Se desejar, faça a doação antes mesmo de sua parte chegar, tamanha sua certeza de que tudo dará certo.
5. Lembre-se: a intenção não é barganhar com Deus. Apenas exercite a generosidade, conecte-se com a alegria de ter feito o bem aos mais necessitados e fique em paz.

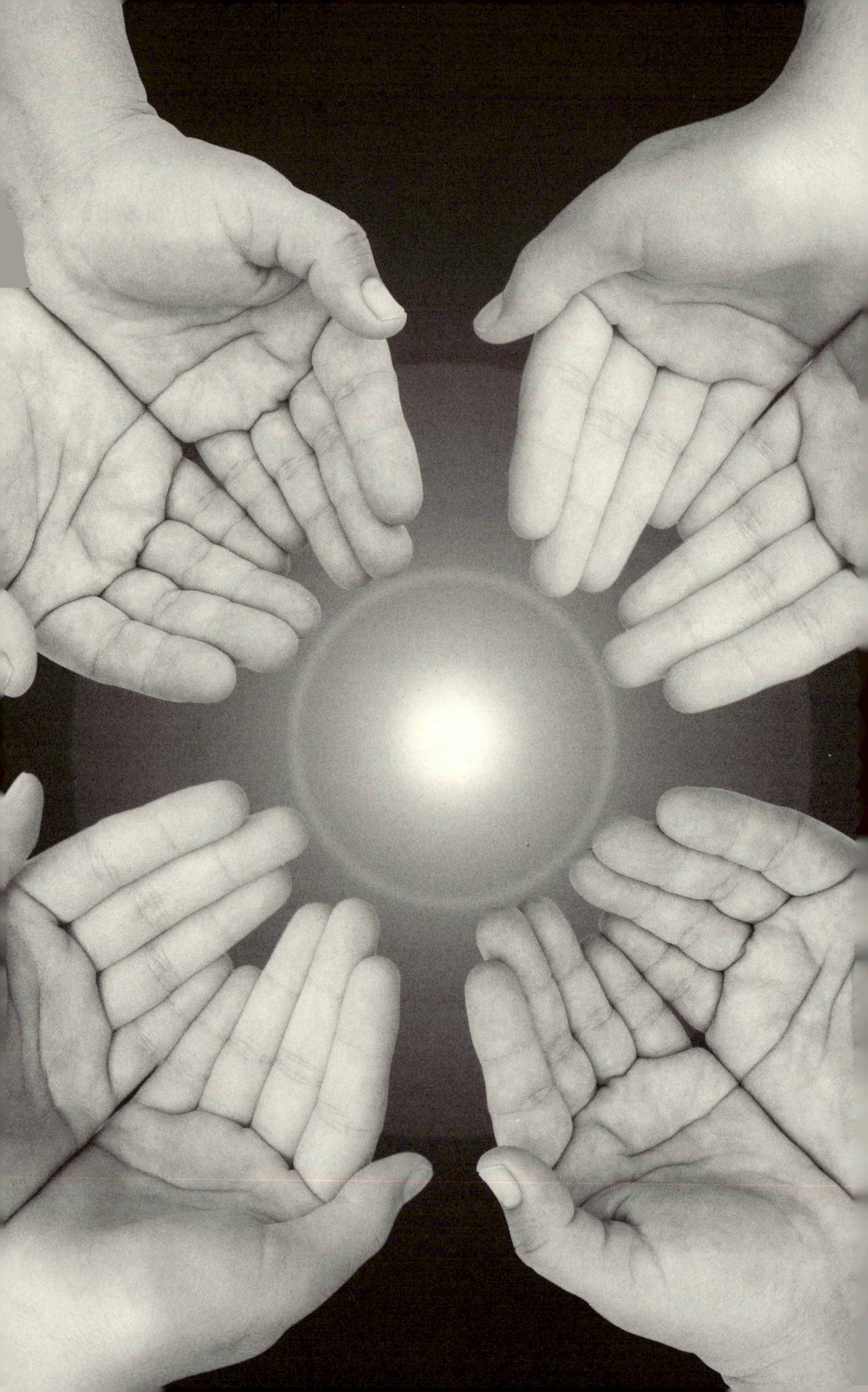

Pedir com gratidão gera sinergia

Anteriormente disse que não devemos pedir nada quando estamos no fundo do poço, pois estaríamos conectados à escassez, e a vida só dá mais do mesmo. Porém há uma forma correta de se pedir o que quer para sua vida, e é se conectando com a Gratidão. Quando você solicita algo dentro desta energia da gratidão – que já sabemos que vibra num padrão capaz de elevar a energia que nos cerca – você cria um movimento de sinergia com o universo.

O universo é abundante, e está aí com todas as possibilidades à disposição de quem saiba acessá-las. Quando alinhamos nossas ondas de energia, aumentamos a potência e a velocidade da resposta que o universo nos dá, pois estamos trabalhando junto da energia de abundância, e isto é trabalhar em sinergia: duas forças trabalhando juntas, e na mesma direção, por um só resultado. Na Bíblia temos este ensinamento: *"A quem tem, mais lhe será acrescentado e terá em abundância. A quem não tem, até o que tem lhe será tirado (Mateus 13:12)."*

Pois foi o que aconteceu com uma aluna de meu curso. Ela iniciou a Jornada da Gratidão totalmente focada na prosperidade financeira, pois sempre teve uma vida de dificuldades. Reconhecia, porém, que nas outras áreas sua vida era muito boa, e começou a agradecer pela família que tinha, pelo marido, sua casa, e a cada pequena entrada de dinheiro no dia a dia. Ela agradeceu com firme intenção, e na mesma semana em que começou a jornada, a prosperidade começou a bater em sua porta. Primeiramente, seu marido foi informado que teria um valor de PIS a receber que até então desconhecia, após quatro anos de aposentado! O marido ficou tão espantado com a rapidez do processo que começou a agradecer com ela... olhe a sinergia! Em seguida seu filho fez um bom negócio e resolveu lhe dar um presente: três mil reais. Ela saldou a dívida do cheque especial e agradeceu novamente junto do marido. Dias depois entraram em contato com ela por meio do Messenger, dizendo que precisavam falar com o esposo dela, e deram-lhe um número de telefone. Entrando em contato foi informada que uma das fábricas para o qual o marido havia trabalhado há 20 anos estava contatando os funcionários com quem não conseguiu fazer acerto na época, pois estavam conseguindo vender seu maquinário e dividiriam o montante entre os funcionários. Hoje a vida financeira dela está mudada, e num período de tempo muito curto, devido à sinergia da gratidão dela e do marido, agradecendo ao que tinham e recebendo mais em suas vidas.

Quando pedimos com sinergia, temos certeza de que somos merecedores do que estamos pedindo, e que temos capacidade de arcar com tudo o que virá como consequência do que receberemos. Fazemos isto todo o tempo, mas não nos damos conta. Acreditamos em certos resultados para nossas ações como se fossem uma sequência lógica, e o que esperamos acontece. Quer ver?

Veja um cheque. É um documento de crédito ao portador. Isto significa que você preenche um cheque com um determinado valor para que alguém receba, vá a um banco e retire aquele crédito na boca do caixa ou mesmo depositando na conta dele. Agora imagine você preenchendo 12 cheques pré-datados para pagar sua televisão nova. Doze vezes de 250 reais, por exemplo. Em algum momento você para e pensa que no dia 15 do mês de agosto, quatro meses depois de comprar sua TV, você pode não ter este dinheiro para saldar o cheque? Se você for como a maioria das pessoas passando um cheque ou mesmo um cartão de crédito, a alegria é tanta por estar adquirindo algo com que sonhou que nem vai passar pela cabeça esta possibilidade. Você não tem dúvida de que honrará cada cheque. E de onde vem esta certeza? Você está alinhado entre pensamento (quero a TV), sentimento (satisfeito por ser capaz de pagá-la), e ação (preenchendo os cheques confiante de que terá o saldo em conta).

Isto é estar alinhado, isto é demonstrar gratidão por tudo o que tem, isto é pedir ao universo sabendo que você já possui a abundância em sua vida. Isto é pedir com sinergia.

Agora eu não estou falando de realizar compras por impulso e inconsequentes. Lembre-se de quando comentamos que algumas pessoas compram para suprir uma carência, um vazio anterior, e gastam mais do que poderiam, esquecendo completamente que precisam poupar/aplicar de 10 a 20% do que ganham.

Pedir com sinergia é construir uma intenção, liberá-la para o universo confiante de que tudo dará certo e trabalhar focado para gerar os ganhos financeiros para honrar aquele compromisso, sem medos, mas também sem preguiça ou falta de comprometimento.

Dia 10

Pedindo com Sinergia

Já que falamos em cheque, vou lhe convidar a fazer um agora. Mas este cheque é um pouco diferente do que você está acostumado. Quem vai sacar este cheque é você. Você vai imaginar o quanto quer ganhar, por exemplo, em seis meses, e vai preencher este cheque para si com a mesma certeza que preenche um cheque para outra pessoa sacar. Faça o seguinte:

Pegue uma folha de cheque de seu talão. Se você não tem talão de cheques, imprima uma folha de algum modelo de cheque disponível na internet. Num pequeno papel – que cobrirá seu nome escrito abaixo da assinatura – escreva: Universo de Abundância S.A. (cliente desde sempre). Fixe este papel no cheque e tire uma ou mais cópias dele.

Agora você vai preencher o cheque que copiou ou imprimiu. Primeiro, pense o quanto você quer receber do universo. Escreva este valor em números no primeiro campo do cheque, e por extenso no campo no qual se lê "pago integralmente por este cheque..."

No terceiro campo, escreva seu nome completo. No campo da data, coloque dia, mês e ano com a data limite para seu pagamento (quer receber esta quantia dentro de quanto tempo? Seis meses, um ano?).

Assine o cheque como Universo de Abundância. Abaixo disso escreva: "GRATIDÃO AO UNIVERSO DE ABUNDÂNCIA POR ME PROVER DIARIAMENTE."

Coloque este cheque em algum lugar da casa que seja especial para você, e que você veja sempre. Esta é uma forma de agir sinergicamente com o universo, que está aí disponível para distribuir prosperidade a quem sabe agradecer por tudo o que já tem.

Veja bem: isto não quer dizer que depois de preencher o cheque você pode se deitar na rede com o controle remoto da TV na mão e mais nada precisará fazer além de esperar que o dinheiro magicamente apareça em sua vida. Você vai continuar trabalhando firme por seus objetivos, fazendo seus negócios expandirem, sua carreira decolar, só que agora não estará mais sozinho: terá o universo trabalhando ao seu lado para que as coisas entrem em fluxo e as oportunidades apareçam em sua vida com muito mais facilidade e leveza.

Recapitulando

EXERCÍCIO NÚMERO 10:
Pedindo com Sinergia

1. Ao acordar ou antes de dormir, anote em seu Caderno da Gratidão pela Prosperidade Financeira os três itens de hoje relacionados à prosperidade financeira pelos quais é grato; releia-os e diga em voz alta três vezes: obrigado(a), obrigado(a), obrigado(a).
2. Pegue uma folha de cheque. Num pequeno papel – que cobrirá seu nome escrito abaixo da assinatura – escreva: Universo de Abundância S.A. (cliente desde sempre). Fixe este papel no cheque e tire uma ou mais cópias dele.
3. Pense o quanto você quer receber do universo. Escreva este valor em números no primeiro campo do cheque, e por extenso no campo onde se lê "pago integralmente por este cheque..."
4. No terceiro campo, escreva seu nome completo.
5. No campo da data, coloque dia, mês e ano com a data limite para seu pagamento.
6. Assine o cheque como Universo de Abundância.
7. Abaixo disso escreva: "GRATIDÃO AO UNIVERSO DE ABUNDÂNCIA POR ME PROVER DIARIAMENTE."
8. Coloque este cheque em algum lugar da casa que você veja sempre.

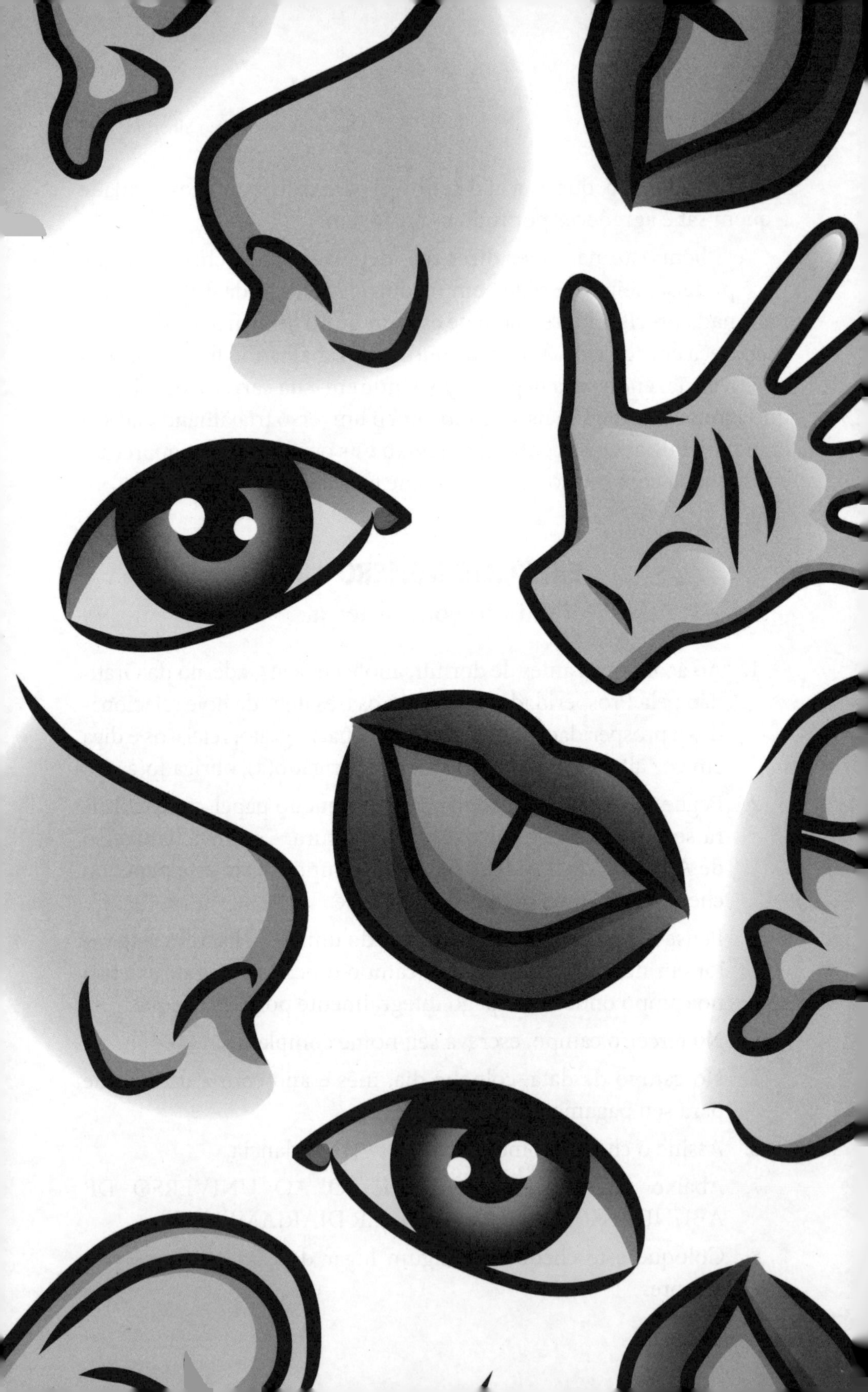

A força dos cinco sentidos

Algumas pessoas quando querem uma coisa intensamente, costumam até sonhar acordadas com ela. O subconsciente proporciona estes momentos para que se lembrem o tempo todo daquilo, sem perder o foco. Porém nem todos nós temos um subconsciente tão ativo para nos ajudar.

Nestes casos, nós é que devemos reforçar diariamente o que queremos, como já estamos fazendo com o sentimento de gratidão diário. Você deve ter percebido que muitos exercícios foram escritos. A razão disto é que quando escrevemos reforçamos uma mensagem para o nosso subconsciente. Lembre-se que o nosso corpo e os nossos sentidos são como o mouse ou o teclado do computador, eles servem para que as informações "entrem no cérebro". Desta forma, outra maneira poderosa de se mandar informações é por meio de imagens, pelo sentido da visão.

Tenho um aluno, bancário, que queria muito fazer uma viagem para a Ásia, no estilo "mochilão". Ele já estava praticando a gratidão, e queria potencializar aquele desejo. Falei a ele que se escrevesse e visualizasse o que queria teria mais 60% de chance de que a viagem acontecesse.

Ele criou então um caderno chamado "Mochilão da Gratidão", e lá colocou todas as informações sobre os países que queria ir, em que época do ano, preços de voos, trens, cursos que queria fazer por lá e o valor que precisaria para realizar este sonho. Todos os dias ele escrevia no caderno sobre algo que queria ver em determinado país, ou colava fotos dos lugares que desejava visitar. Pouco tempo depois o banco ofereceu um programa de demissão voluntária, com algumas vantagens. Ele aceitou, pois já vinha adiando há tempos a decisão de mudar de empresa, e o que veio a receber era mais do que havia calculado para esta viagem. Com a demissão pôde iniciar o mochilão exatamente no período em que havia imaginado e posto no caderno, e hoje está feliz fazendo sua viagem tão sonhada, sem se preocupar com a falta de dinheiro. Aliás, conseguiu uma agência patrocinadora de sua aventura, que tem interesse em publicar toda a cobertura em vídeos e fotos que está sendo gerada. E meu aluno também está preparando uma palestra e um livro que lançará em seu retorno contando tudo o que aprendeu em sua peregrinação por vários países e culturas diferentes.

Novamente: quando alinhamos o pensamento, o sentimento e a ação (aqui, fazer o caderno), com intenção e gratidão, tudo de bom pode acontecer.

Dia 11

Ver para Ter

Para o próximo exercício você fará um Quadro de Gratidão pela Prosperidade. Essa construção visual permitirá à sua mente ter mais clareza de quais são seus objetivos e metas nas principais áreas de sua vida.

Você vai escolher o tamanho de seu quadro: uma folha sulfite, meia cartolina, uma cartolina inteira, isopor, como quiser. A intenção e prosperidade serão suas, capriche!

Quando a base do quadro estiver pronta, pense o que quer em sua vida como materialização da sua prosperidade: Dinheiro? Uma casa ou apartamento novo? Um carro? Viajar? Fazer cursos? Fazer massagem uma vez por semana? Ir para um spa fazer uma reeducação alimentar? Ir a shows e teatros regularmente? Tudo isto faz parte da prosperidade. Escreva os itens numa folha de papel à parte.

A seguir, procure imagens em revistas ou na internet, para recortar ou imprimir, que lhe recordem destes itens que você listou. Escolha uma imagem para cada item. Por exemplo: fotos de notas de dinheiro; imagens de uma casa ou apartamento; o carro que você quer; algum lugar para o qual deseja viajar; a foto do palco de um teatro e assim por diante.

No centro da folha escreva: "GRATIDÃO PELA ABUNDÂNCIA E PROSPERIDADE EM MINHA VIDA!" E ao redor destas palavras cole as imagens que escolheu.

Coloque seu Quadro da Gratidão pela Prosperidade fixado onde você possa ver diariamente, e cada vez que passar por ele leia a frase escrita ali.

Dica: se quiser montar um quadro como este com seu cônjuge, conversem a respeito de quais serão seus objetivos comuns e sigam as instruções.

Você também pode fazer este quadro com as crianças, ensinando-as desde pequenas o poder da Gratidão aliado com a intenção.

De tempos em tempos renove seu quadro de gratidão pela prosperidade, colando novos objetivos e guardando numa pasta as fotos daqueles que já foram atingidos.

Recapitulando

EXERCÍCIO NÚMERO 11:
Ver para Ter

1. Ao acordar ou antes de dormir, anote em seu Caderno da Gratidão pela Prosperidade Financeira os três itens de hoje relacionados à prosperidade financeira pelos quais é grato; releia-os e diga em voz alta três vezes: obrigado(a), obrigado(a), obrigado(a).
2. Confeccione um quadro de Gratidão pela Prosperidade.
3. Pense no que quer em sua vida como materialização da prosperidade. Escreva os itens numa folha de papel à parte.
4. Procure imagens em revistas ou na internet, para recortar ou imprimir, que lhe recordem destes itens que você listou. Escolha uma imagem para cada item.
5. No centro da folha escreva: "GRATIDÃO PELA ABUNDÂNCIA E PROSPERIDADE EM MINHA VIDA!"

6. Ao redor destas palavras cole as imagens que escolheu.
7. Coloque seu Quadro da Gratidão pela Prosperidade fixado onde você possa ver diariamente, e cada vez que passar por ele leia a frase escrita ali.

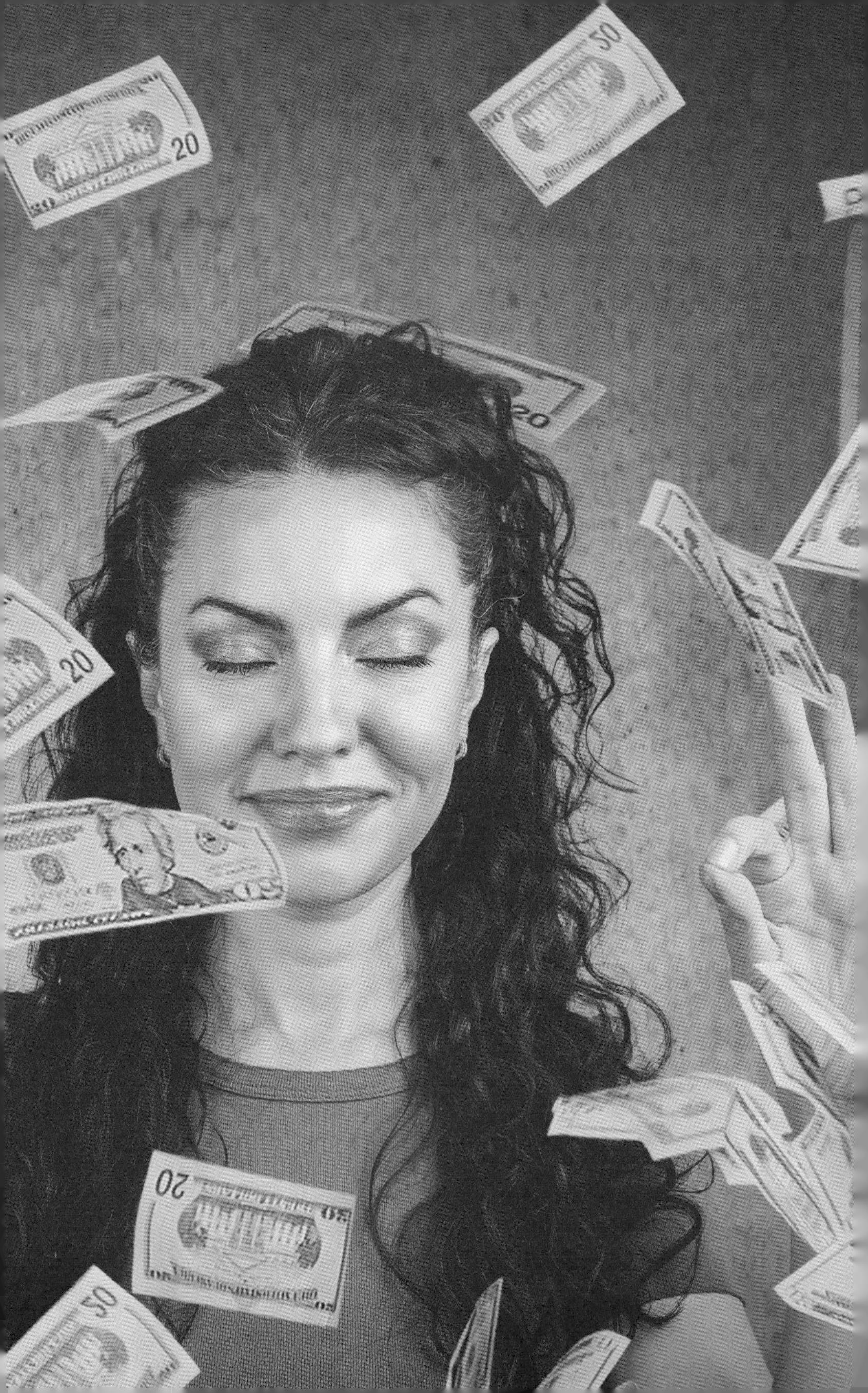
20
50

A riqueza acontece primeiro na sua mente

Hoje você vai descobrir o poder que técnicas de VISUALIZAÇÃO possuem para auxiliar no alcance do sucesso e da prosperidade.

Aprendi com Wallace D. Wattles, no livro *A Ciência de Ficar Rico*, o quanto estas técnicas são poderosas quando utilizadas da maneira correta. Caso você não tenha tido a oportunidade de ler este livro, saiba que foi ele que serviu de inspiração para o filme e o livro *O Segredo*, de Rhonda Byrne.

Você pode usar a VISUALIZAÇÃO para inúmeros objetivos financeiros, tais como: alcançar uma determinada quantia de dinheiro, comprar um carro, casar-se, adquirir um apartamento, conseguir um emprego, fazer uma viagem, ou qualquer outra coisa que você deseje conquistar.

É importante que você saiba que grandes nomes da história usaram técnicas de visualização para suas conquistas. É o caso, por exemplo, de Napoleão, o conquistador, que carregava consigo um mapa desenhado com detalhes minuciosos dos lugares que iria conquistar. Ele deixava o mapa fixado na parede, ao lado da sua cama, e todas as noites fazia a sua visualização. A cultura popular conta que quando perdeu este mapa suas derrotas e o seu fracasso começaram a ocorrer.

Atletas como Michael Jordan, Oscar Schmidt e até o rei Pelé se utilizaram de técnicas de visualização. Zagalo, ex-técnico da seleção brasileira, conta que Pelé, nos intervalos dos jogos, ficava deitado no chão do vestiário de olhos fechados, fazendo um "filme" e ensaiando as jogadas que queria fazer, vendo-se nelas como se fosse uma realidade.

Multimilionários, bilionários e celebridades como Oprah Winfrey, Will Smith, Lady Gaga, Denzel Washington, Richard Branson, Tony Robbins usam a visualização como ferramenta de sucesso.

A técnica de visualização é capaz de impregnar o seu subconsciente com informações sobre os seus objetivos de vida, aumentando enormemente as chances deles se tornarem realidade.

Como o subconsciente não distingue entre o que é realidade e imaginação, aceitará a imagem criada como verdade, atraindo assim as situações e recursos que você precisa para alcançar o sucesso. Agradeça o alcance de sua meta ou objetivo como se já tivesse ocorrido, sinta-se feliz, comemore sua conquista do futuro como se ela já fosse uma realidade no presente. Então vamos praticar imediatamente.

Dia 12

Visualize sua Prosperidade

Você vai usar essa técnica a partir de hoje, por 21 dias, ou seja, até o final da nossa jornada de 33 dias.

Antes da visualização propriamente dita, você deve fazer três procedimentos preparatórios:

1) Escolher algo que queira que aconteça na sua vida, ou seja, um objetivo claro, e bem definido, que pode ser: uma quantia de dinheiro ou um carro, um emprego, uma viagem, um computador, ou qualquer outra coisa que você deseje. Trabalhe um objetivo de cada vez, pois a mente inconsciente ou o universo, como queira, exigem FOCO. Se houver muitos objetivos ocorre uma perda de força.

2) Então, agora que escolheu o objetivo, examine as SUAS RAZÕES para escolha. Pergunte-se:

Por que você quer este objetivo?

Sua escolha é egoísta? Apenas você será beneficiado? Ou também outras pessoas serão beneficiadas?

O universo não aprova intenções focadas apenas no próprio umbigo. Deus manda recursos financeiros para causas, para projetos, e quanto mais gente se beneficiar dos seus planos, mais você estará sintonizado com o fluxo do universo que conspirará a seu favor para aumentar seus ganhos financeiros.

Tony Robbins nos ensina que quanto mais vidas você cuidar, mais a vida cuidará de você.

3) Agora se pergunte: Você MERECE o que está pedindo? Você está trabalhando, fazendo a sua parte para que seu objetivo vire realidade? Você está se dedicando de corpo e alma para que os resultados aconteçam? Se não estiver AGINDO, nada vai acontecer.

Então vamos recapitular os três pontos de preparação que devem ser feitos antes da técnica de visualização:

- Defina um objetivo claramente;
- Não seja egocêntrico. Inclua outras pessoas no objetivo;
- Sinta que é merecedor e faça por merecer, agindo.

Bem!!! Agora que concluímos a preparação, vamos à técnica de VISUALIZAÇÃO propriamente dita.

Feche os olhos, relaxe o corpo por alguns segundos, respirando lentamente, e visualize INTENSAMENTE o seu objetivo, no momento presente.

Saiba que ele já é uma realidade. Vivencie seu objetivo como se já existisse no presente e não como algo que vai acontecer no futuro. Fique tranquilo porque a mente subconsciente não diferencia passado, presente e futuro.

Nessa realidade criada, veja os detalhes. Concentre-se em cada um deles. Quando mais detalhes, maiores suas chances de sucesso. Sinta fisicamente, veja, ouça, cheire. Utilize todos os órgãos dos sentidos.

Entre em sintonia com o seu objetivo da forma mais concreta e positiva que puder. Sinta alegria, prazer, felicidade. Agradeça, agradeça, agradeça.

Então, se você por exemplo, tem como objetivo adquirir seu carro novo, além de imaginar o tipo de carro, marca, ano de fabricação, modelo, também se visualize dirigindo o carro, sinta o vento no rosto com os vidros abertos, sinta o cheiro de carro novo, o banco macio e confortável, o brilho, o silêncio do motor, o contato agradável com o volante.

Amplie as emoções mais e mais, imagine-se passeando com a pessoa que lhe valoriza, respeita, admira e ama verdadeiramente.

Sinta-se feliz, realizado. Agradeça.

Ainda de olhos fechados, com essa imagem mental do seu objetivo, faça o seguinte exercício de respiração:

Inspire bem devagar contando de 1 a 4.

Segure a respiração contando de 1 a 4.

Solte devagar a respiração contanto de 1 a 4.

Segure a respiração com pulmões vazios, contando de 1 a 4.

Muito bem! Repita três vezes o exercício de respiração.

Pronto!!! Agora abra olhos calmamente. Sintonize com o ambiente. E diga em voz alta: Está feito! Sou grato(a), sou grato(a), sou grato(a).

Repita este exercício duas vezes ao dia, uma ao acordar e outra antes de dormir, por 21 dias.

Recapitulando

EXERCÍCIO NÚMERO 12:
Visualize sua Prosperidade

1. Ao acordar ou antes de dormir, anote em seu Caderno da Gratidão pela Prosperidade Financeira os três itens de hoje relacionados à prosperidade financeira pelos quais é grato; releia-os e diga em voz alta três vezes: obrigado(a), obrigado(a), obrigado(a).

2. Defina um objetivo claramente. Não seja egocêntrico; inclua outras pessoas no objetivo. Sinta que é merecedor e faça por merecer, agindo.

3. Feche os olhos, relaxe o corpo por alguns segundos, respirando lentamente, e visualize INTENSAMENTE o seu objetivo, no momento presente.

4. Entre em sintonia com o seu objetivo da forma mais concreta e positiva que puder. Use todos os órgãos dos sentidos. Sinta alegria, prazer, felicidade. Agradeça.

5. Ainda de olhos fechados, com essa imagem mental do seu objetivo, faça o exercício de respiração de 4 tempos.

6. Abra olhos calmamente. Sintonize com o ambiente. E diga em voz alta: Está feito! Sou grato(a), sou grato(a), sou grato(a).

7. Repita este exercício duas vezes ao dia, uma ao acordar e outra antes de dormir, por 21 dias.

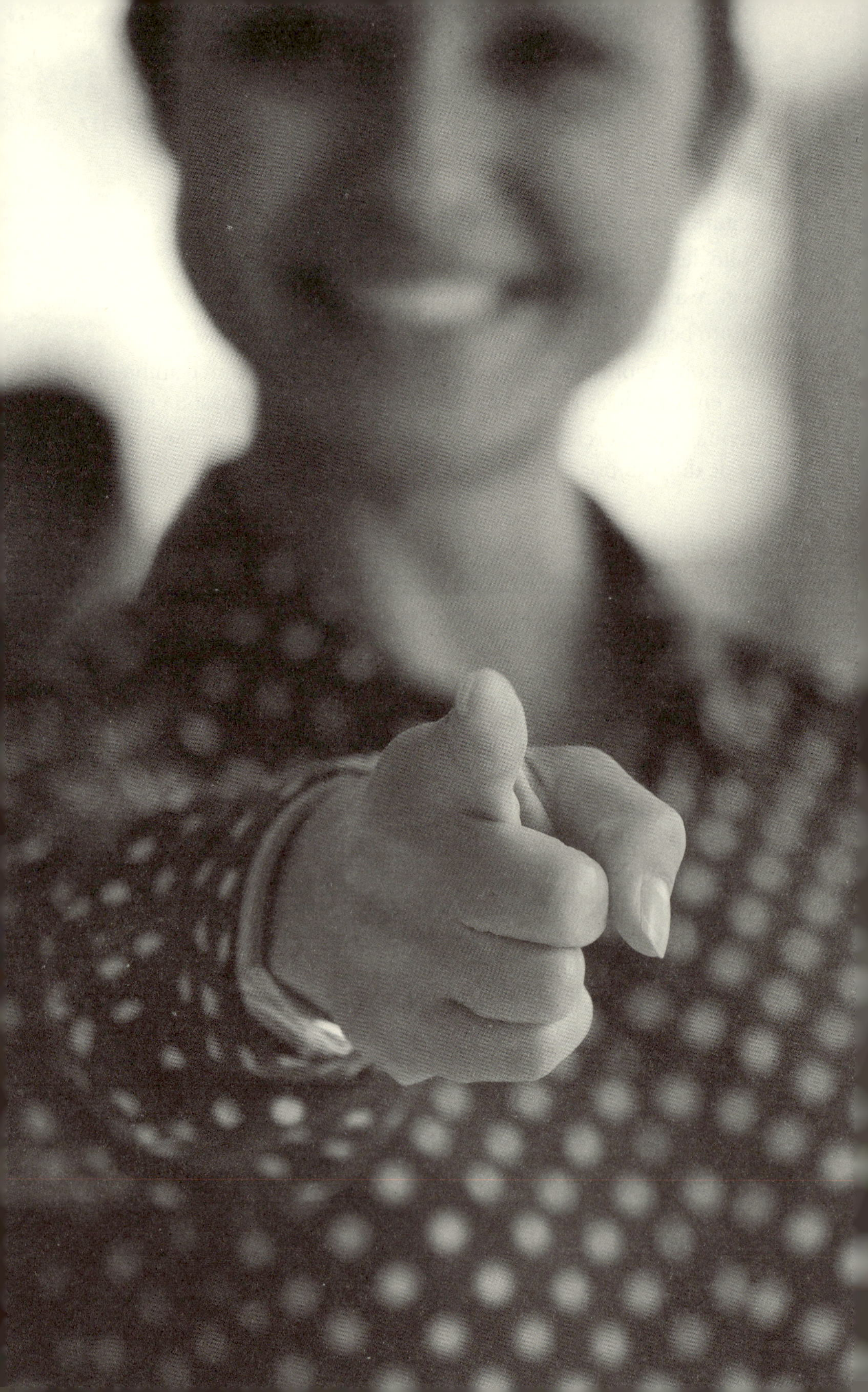

Você precisa verdadeiramente querer

Responda-me uma coisa sinceramente: você gostaria de ganhar na Mega-Sena? Olha, se a sua resposta for NÃO, tome cuidado, porque isso é um sinalizador de que você não está aberto para receber as dádivas que a vida tem para você. Não existe nada de errado em querer ganhar na Mega-Sena; o problema é contar com isso como única alternativa para enriquecer.

Quantas pessoas você conhece que já fizeram tanta "fezinha", semana após semana, que se tivessem economizado essas quantias já estariam com um bom patrimônio? E a questão principal não é torrar esse dinheiro inutilmente toda semana; o que está em jogo é entregar o seu futuro nas mãos do destino, de uma vã esperança, no lugar de fazer acontecer a própria sorte.

Além disso, pessoas que ganham prêmios acumulados, fortunas inesperadas, e que não se prepararam para elas, tendem a perder tudo, em curto espaço de tempo, que oscila em torno de três anos. Não acredita? Pesquise no Google sobre o destino de grandes astros do rock, jogadores de futebol que tiveram carreiras meteóricas, participantes de reality shows como o Big Brother Brasil, ganhadores de loterias ou de heranças inesperadas e verá que o padrão é ganhar muito rápido e perder numa velocidade ainda maior.

Pesquisas mostram que se toda a fortuna do mundo fosse dividida igualitariamente nas mãos de toda a população, a maioria delas retornaria à mesma situação financeira no decorrer de apenas uma geração.

Isso acontece porque a maioria das pessoas não se sente merecedora daquela dádiva, portanto não muda os velhos hábitos e destrói a nova condição de vida, voltando ao status anterior.

A verdade é que não atraímos para a nossa vida aquilo que pensamos e sim mais do que já somos. Se você continua tendo uma mentalidade pobre, atrairá uma vida pobre.

A maneira como nos vemos e as coisas para as quais nos sentimos preparados e merecedores torna-se uma profecia autorrealizável.

E ainda tem mais uma questão a ser considerada: se você não se sente merecedor, acaba se fechando para a oportunidade de receber presentes de Deus, da vida, dos amigos e familiares.

A maioria das pessoas se sente constrangida com a possibilidade de ganhar coisas, oportunidades, ajuda externa, e mais ainda se precisar solicitar. Pois saiba que as pessoas que tentam fazer tudo sozinhas, raramente conquistam a abundância.

Para mudar esse padrão mental vamos fazer o exercício "Sou merecedor".

Dia 13

Sou Merecedor

O exercício de hoje consiste em aceitar tudo o que lhe oferecerem, pelo prazo de 30 dias, esteja precisando daquele auxílio ou não. Entenda que o objetivo é treinar o "músculo do recebimento" e sinalizar para o universo que você está aberto para receber presentes.

E você pode estar se questionando agora: "Mas se eu não necessitar, ou pior ainda, não quiser a ajuda oferecida?" A resposta é: ainda assim aceite, porque você está treinando a capacidade de receber e de se sentir merecedor. A vida entenderá que você gosta de receber presentes e mandará mais.

Deixe-me dar alguns exemplos:

Imagine que alguém convida você para uma festa e você não tem disponibilidade ou interesse em ir. No lugar de responder "não, muito obrigado(a)", diga: "Gratidão por me convidar, estou muito feliz. Não tenho disponibilidade nesta data, mas não deixe de me convidar para a próxima ocasião, pois me sinto honrada e muito feliz com o convite. Gratidão por lembrar de mim".

Agora imagine que alguém o presenteia com uma caixa de bombons e você está de dieta. No lugar de dizer: "Não, obrigado(a). Estou de dieta", aceite com alegria, demonstre sua gratidão e depois você pode presentear seus amigos ou familiares com esse mimo. Eu asseguro que eles vão devorar rapidamente e ficarão eternamente gratos.

Percebe como essa atitude é muito mais agradável, receptiva e principalmente está treinando você para aprender a receber presentes da vida?

Sinta-se merecedor e abra-se para receber as dádivas do universo.

Recapitulando

EXERCÍCIO NÚMERO 13:
Sou Merecedor

1. Ao acordar ou antes de dormir, anote em seu Caderno da Gratidão pela Prosperidade Financeira os três itens de hoje relacionados à prosperidade financeira pelos quais é grato; releia-os e diga em voz alta três vezes: obrigado(a), obrigado(a), obrigado(a).
2. Durante 30 dias você aceitará todos os presentes que chegarem até você, como uma forma de treinar o hábito de estar aberto para as dádivas do universo.
3. Se você não puder ou não quiser aquele presente que chegou até a sua vida, ainda assim aceite, agradeça e depois passe adiante para quem fará bom uso dele.

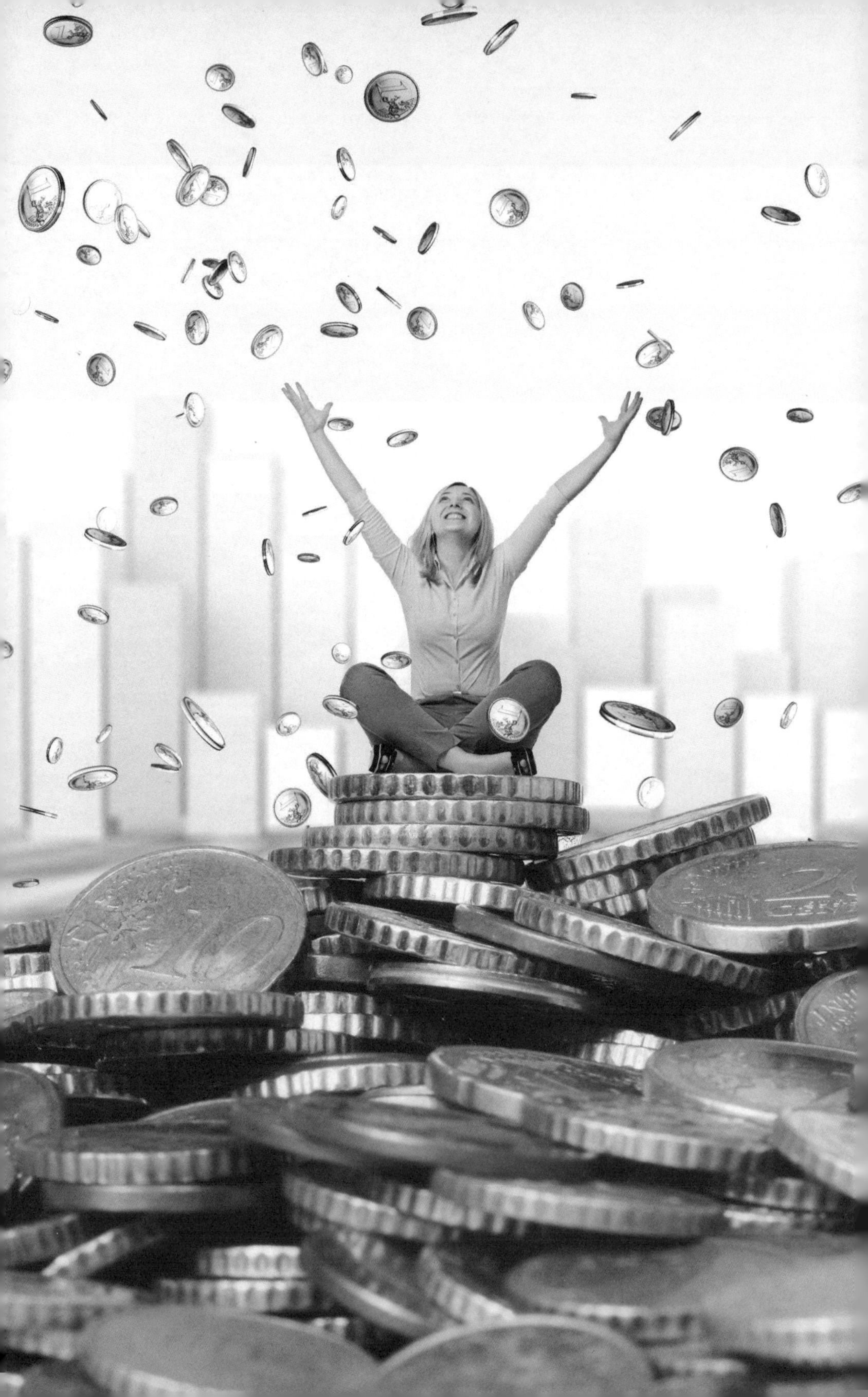

Experimente a abundância financeira

Pessoas ricas atraem dinheiro para as suas vidas não apenas porque alimentam os pensamentos certos, e sim porque assumem as atitudes e posturas corretas perante a vida. Somos quem realmente escolhemos ser e estamos onde realmente queremos estar. Se você se sente rico, pensa como rico, age como rico, terá resultados prósperos. Agora experimente se conectar com a pobreza para ver o quanto sua vida vai andar de marcha a ré.

Mas a grande questão é: como vibrar na prosperidade se ao olhar à sua volta tudo o convence de que sua vida é pequena e pobre? Fica muito difícil ignorar as evidências que o puxam para uma vida de escassez.

O exercício de hoje vai ajudar a construir à sua volta evidências de prosperidade, para que sua mente acredite que a abundância financeira é para você também.

Dia 14

Visite a Sala da Riqueza

A partir de hoje, pelo menos uma vez a cada 15 dias, você vai visitar a sala da riqueza, ou seja, vai fazer coisas que as pessoas ricas fazem, e que trazem a sensação de empoderamento. É a experiência que eu costumo chamar carinhosamente de "se fui pobre já não me lembro". São ações que você ainda não pode incorporar em seu cotidiano, pois o orçamento ainda não permite, mas que realizadas eventualmente não chegam a provocar um desfalque financeiro e colaborarão muito com sua sensação de poder.

Veja abaixo alguns exemplos que você pode fazer para visitar a sala da riqueza:

- Tomar um café da tarde numa cafeteria chiquérrima, frequentada pelas madames da alta sociedade;
- Comprar um sabonete importado poderoso ou sais de banho de primeira linha para tomar um banho de milionário;
- Fazer um *test drive* no carro dos seus sonhos;
- Passar um dia num spa com tratamento completo;
- Almoçar num restaurante realmente sofisticado.

Enquanto estiver vivenciando essa experiência, sinta-se poderoso, procure se habituar com aquele pequeno prazer, passando a considerar que aquele é o seu lugar e que você merece muito mais momentos como aquele. Sua mente passará a achar natural estar ali e vai providenciar oportunidades para que esta experiência se repita.

Também entre em contato com o sentimento de gratidão a Deus, ao universo, por poder vivenciar aquela experiência tão especial.

Recapitulando

EXERCÍCIO NÚMERO 14:
Visite a Sala da Riqueza

1. Ao acordar ou antes de dormir, anote em seu Caderno da Gratidão pela Prosperidade Financeira os três itens de hoje relacionados à prosperidade financeira pelos quais é grato; releia-os e diga em voz alta três vezes: obrigado(a), obrigado(a), obrigado(a).
2. Pelo menos uma vez a cada 15 dias, você vai visitar a sala da riqueza, realizando coisas que as pessoas ricas fazem, como por exemplo: tomar um café da tarde numa cafeteria chiquérrima, tomar banho com um sabonete importado poderoso, fazer um *test drive* no carro dos seus sonhos, passar um dia num spa com tratamento completo, almoçar num restaurante realmente sofisticado.
3. Isto ainda não pode ser incluído como rotina em seu orçamento, mas realizado eventualmente dará a sensação de empoderamento que você necessita para sentir-se próspero.
4. Entre em contato com o sentimento de gratidão a Deus, ao Universo, por poder vivenciar aquela experiência tão especial.

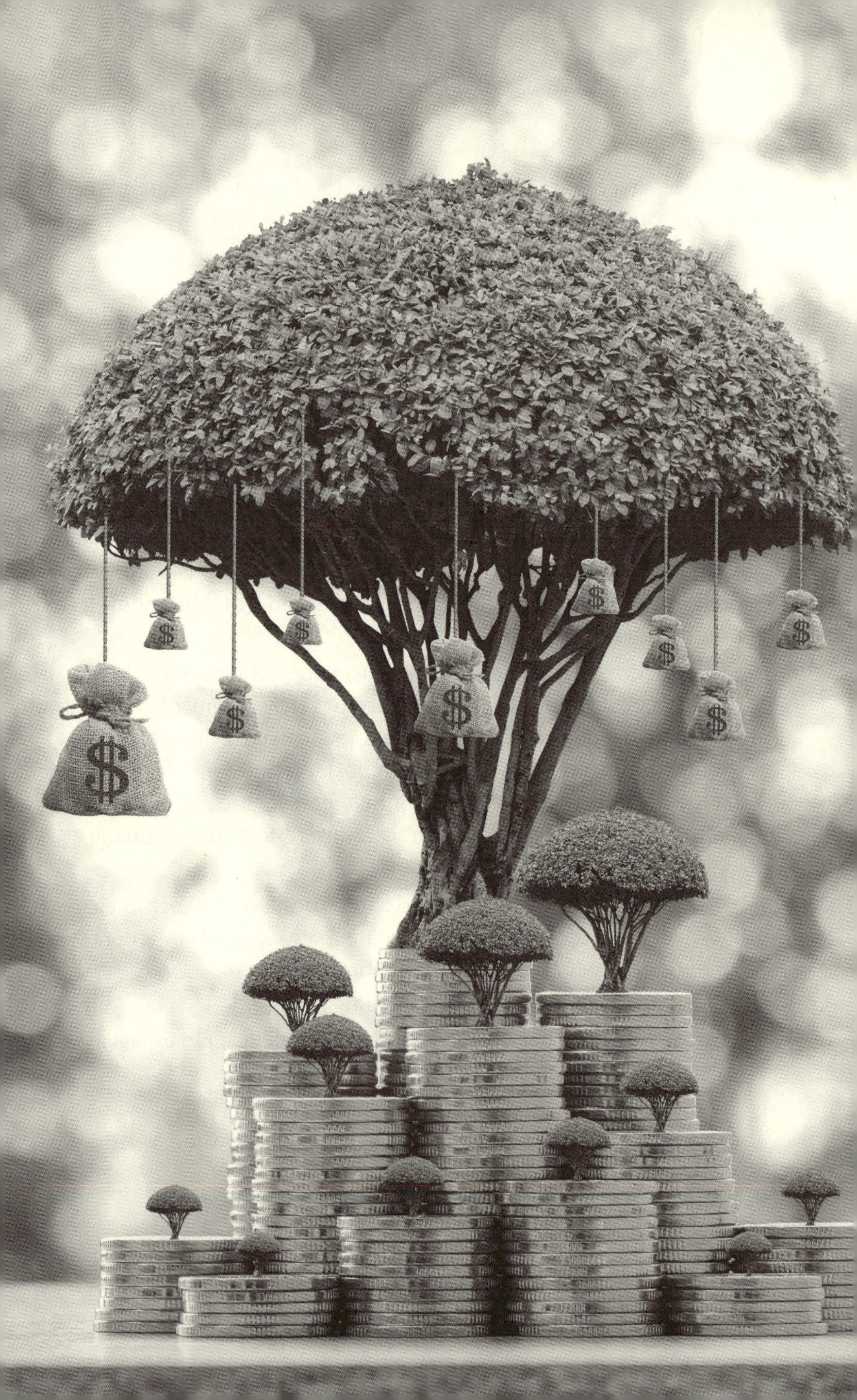

A prosperidade já está pertinho

A maioria das coisas que não se materializam nas nossas vidas tendem a não virar realidade porque sem percebermos, nós acabamos por colocá-las em locais tão distantes que se tornam inatingíveis.

Fiz isso durante muito tempo em minha vida sem perceber. Desde muito cedo eu afirmava que queria conhecer a Disney, e isso não era uma viagem tão comum e popularizada como se tornou nos últimos anos. Crianças da minha geração, e principalmente do meu nível socioeconômico, nem sabiam que a Disney existia, imagina então se passava pela cabeça de alguma delas ter a oportunidade de conhecer pessoalmente. Mas eu dizia para todo mundo que eu não morreria até realizar esse sonho.

Acontece que o tempo foi passando, minha situação financeira melhorou, e eu continuava alimentando meu sonho de criança pobre, dizendo: "Um dia eu vou conhecer a Disney", até que uma amiga de meu ambiente profissional falou: "Marcia, por que um dia? Por que não este ano?" Quando ela me perguntou isso eu dei risada, porque me pareceu absurdo demais para ser verdade, afinal era um sonho grandioso e distante. Mas ela insistiu e me sugeriu passar numa agência de turismo para averiguar qual seria o investimento na viagem. Pois bem, eu fiz isso e naquele mesmo ano lá estava eu em frente ao Castelo da Cinderela realizando o meu sonho de infância.

A realização do sonho estava muito mais próxima do que eu imaginava e vinha sendo adiada por meus sabotadores internos. Você já se deu conta de que o mesmo pode estar acontecendo em sua vida?

O exercício que vamos fazer hoje vai ajudar a trazer para perto de você a realização do sonho tão almejado.

Dia 15

Ancoragem Positiva

No exercício de hoje nós vamos utilizar uma ancoragem. Primeiro vamos entender o que significa isso. Se você recorrer ao dicionário verá que ancoragem é o ato ou ação de ancorar algo. Isso significa prender ou amarrar algo ou algum equipamento em um determinado lugar. Ao fazer isso, você torna-o estável, e assim pode utilizá-lo de maneira mais segura. Por exemplo, se você precisa subir em um navio, não consegue fazer isso se ele não estiver ancorado.

Do mesmo modo, a psicologia também se utiliza de âncoras, que são como pontos de referência em nossa mente. Assim, elas podem nos remeter a lugares mais específicos em nosso "mar de experiências". A ancoragem dentro da psicologia é uma técnica utilizada para criar ou modificar respostas associadas a um estímulo.

A ancoragem acontece o tempo todo no nosso cotidiano, na nossa mente. Por exemplo, quando estamos apaixonados e ouvimos uma música sobre amor, associamos a música àquela pessoa. O interessante é que pode a paixão passar, mas a lembrança fica. Ela pode até nos fazer retornar para aquele tempo, trazendo à tona antigos sentimentos, mesmo muito tempo depois.

Agora imagine poder criar ancoragens positivas para estados emocionais positivos, a fim de facilitar o alcance de seus objetivos. Para realizar essa ancoragem precisamos identificar o estado emocional que desejamos ter e associá-lo a algum estímulo externo, que pode ser um som, um objeto, um cheiro, que remeta a esse estado.

Vamos imaginar por exemplo que você quer comprar o seu carro novo, mas ainda não possui os recursos financeiros para fazer isso agora. No entanto, você pode adquirir um belo chaveiro, que vai pendurar no seu carro novo, e todas as vezes que olhar para ele, trará de volta a sensação de conquista, poder e alegria que a compra do carro novo lhe dará.

Então aqui vão algumas sugestões de objetos que servirão de ancoragens positivas para lhe aproximar dos seus objetivos:

- O chaveiro poderoso de seu carro novo;
- O biquíni que usará nas praias de Cancun;
- O vestido, quatro manequins menores, que usará quando emagrecer;
- O presente de Natal que dará para seu namorado que ainda não existe em sua vida;
- O primeiro sapatinho para o seu bebê cuja gravidez ainda não aconteceu;
- A TV de 70 polegadas de sua mansão.

É importante que cada uma dessas ancoragens provoque o estado de gratidão antecipada pela conquista de seu sonho ou objetivo e não a sensação de frustração por ainda não ter alcançado o que deseja.

A prosperidade já está pertinho e sua âncora servirá de lembrete para você.

Recapitulando

EXERCÍCIO NÚMERO 15:
Ancoragem Positiva

1. Ao acordar ou antes de dormir, anote em seu Caderno da Gratidão pela Prosperidade Financeira os três itens de hoje relacionados à prosperidade financeira pelos quais é grato; releia-os e diga em voz alta três vezes: obrigado(a), obrigado(a), obrigado(a).
2. Escolha um objeto que de alguma forma se relacione com sua meta ou objetivo, e cada vez que olhar para ele comemore, sinta-se grato, por saber que seu sonho já está virando realidade.

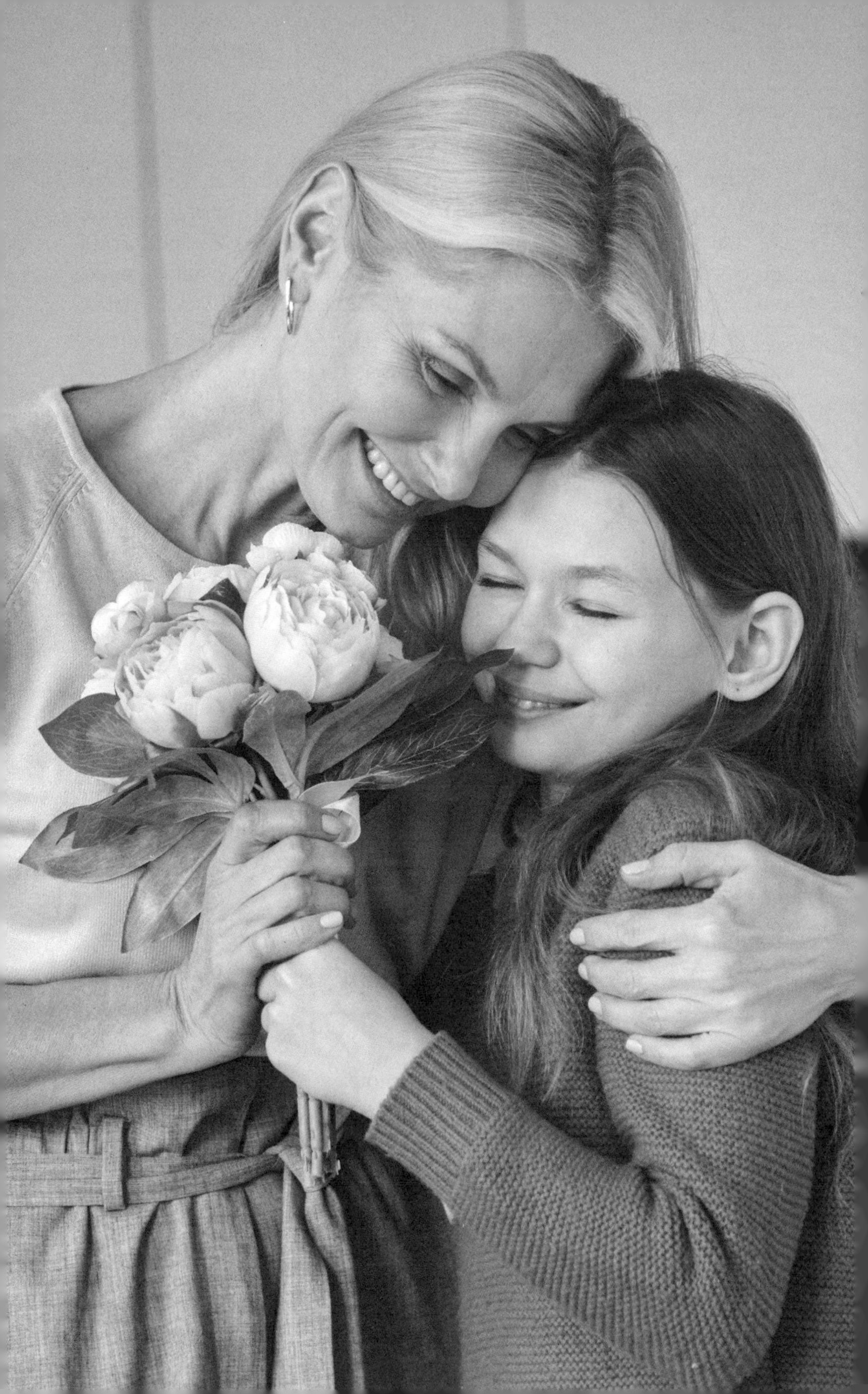

Coloque-se como recebedor

Por mais incrível que possa parecer, a maioria das pessoas não está aberta para receber os presentes que a vida tem para nos dar; é como se fechassem as portas para a prosperidade, dificultando a chegada das dádivas de Deus.

Eu costumo dizer que o nosso Deus é "apaixoTUDO" por nós e ele adora dar presentes. No entanto, ele também nos deu o livre-arbítrio e nos permite escolher se queremos receber esses presentes ou não. É como se a porta do coração tivesse a chave pelo lado de dentro, e se você não abrir, por mais que a vida queira presenteá-lo, simplesmente não vai conseguir.

E quando uma bênção sai do céu, ela não fica sem destino nem retorna ao remetente. Ela acaba sendo redirecionada para as pessoas que estão abertas, disponíveis para receber.

Então calcule a quantidade de presentes que estão disponíveis agora mesmo, em torno de você, cujo destinatário não aceitou a oferenda da vida, e que podem vir para as suas mãos desde que você manifeste seu interesse. Que tal? Gostou da ideia? Então vamos tratar de fazer isso imediatamente.

Dia 16

Eu Aceito a Prosperidade

No exercício de hoje você vai se colocar como recebedor de todos os presentes que a vida disponibilizou para algum remetente que não está aberto para ganhá-los.

E como vamos fazer isso? Você vai repetir de hoje em diante, ao menos cinco vezes por dia, a seguinte frase:

"Universo, se você mandou uma coisa extraordinária para uma pessoa que não está querendo recebê-la, faça-a chegar até mim. Estou aberto(a) e disposto(a) a aceitar todas as suas bênçãos. Obrigado(a)".

A seguir, fale em voz alta também a seguinte frase: *"Eu sou um ímã que atrai dinheiro. Obrigado(a), obrigado(a), obrigado(a)"*.

Sugiro que faça post-its com as duas frases e espalhe pela casa, a fim de lembrar de repetir muitas vezes durante o dia. Você vai se surpreender com os presentes inesperados que começarão a chegar diariamente.

Recapitulando

EXERCÍCIO NÚMERO 16:
Eu Aceito a Prosperidade

1. Ao acordar ou antes de dormir, anote em seu Caderno da Gratidão pela Prosperidade Financeira os três itens de hoje relacionados à prosperidade financeira pelos quais é grato; releia-os e diga em voz alta três vezes: obrigado(a), obrigado(a), obrigado(a).

2. Durante o dia, fale em voz alta no mínimo cinco vezes cada uma das frases:

   "Universo, se você mandou uma coisa extraordinária para uma pessoa que não está querendo recebê-la, faça-a chegar até mim. Estou aberto(a) e disposto(a) a aceitar todas as suas bênçãos. Obrigado(a)".

   "Eu sou um ímã que atrai dinheiro. Obrigado(a), obrigado(a), obrigado(a)".

3. Prepare-se para receber os presentes inesperados que começarão a chegar diariamente.

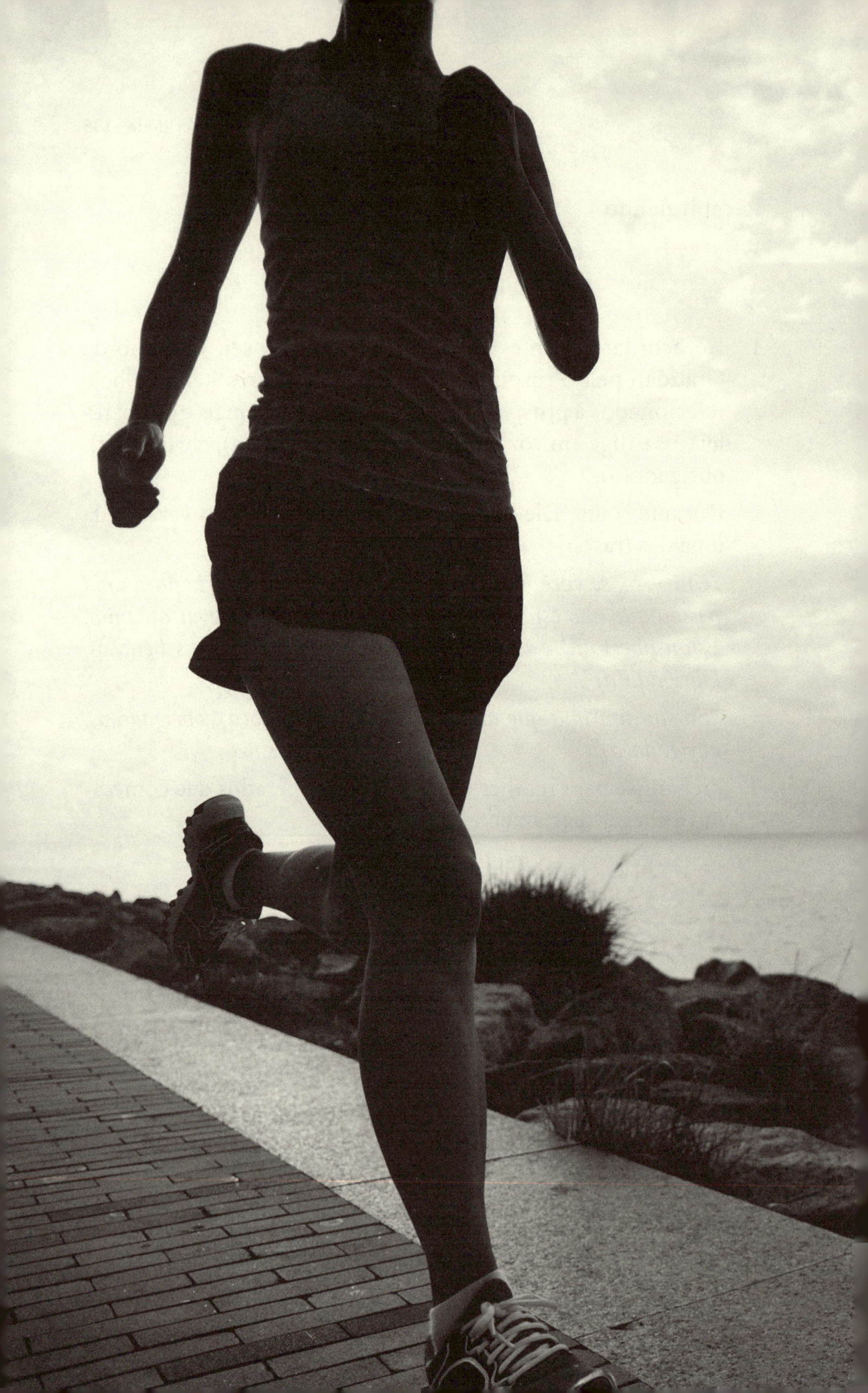

É hora de agir

Quero começar a nossa reflexão de hoje com uma frase de Joel A. Barker, futurista de negócios, que chegou até mim no início de minha carreira profissional e acabou funcionando como bússola em minha vida:

"Uma visão sem ação é só um sonho. Uma ação sem visão é só um passatempo. Uma visão com ação tem o poder de mudar o mundo".

Não, eu não desmereço o poder da lei da atração, inclusive em vários momentos deste livro ensino exercícios que vão lhe mostrar como utilizá-la corretamente. No entanto, note que dentro da palavra ATRAÇÃO existe AÇÃO. Experimente apenas pensar, sentir, abrir-se para receber, e ficar deitada em berço esplêndido para ver se algo acontece em sua vida.

Pedra que não rola cria limo. Se você tivesse que ficar plantado num lugar teria nascido árvore.

Você precisa pensar a respeito das coisas que deseja em sua vida, sentir a motivação e agir. Ou nada vai mudar. Então vamos sem demora para o exercício de hoje.

Dia 17

TBC – Tire a Bunda da Cadeira

O nome do nosso exercício é TBC, que significa tire a bunda da cadeira. É isso mesmo. E provavelmente meus editores tentarão me convencer a trocar essa palavra por uma mais bonita, mais elegante, no entanto, preciso ser muito clara com você: é hora de agir. Chega de estudar a respeito de prosperidade, observar pessoas de sucesso, traçar metas e objetivos, desenvolver planejamentos.

Agora é hora de entrar no campo de batalha. Saber e não fazer é ainda não saber.

Então pegue uma de suas metas ou objetivos, divida em pequenas ações e trate de implementar a primeira HOJE. Sim, eu estou me referindo a hoje mesmo. Aliás, assim que acabar a leitura deste exercício. Comece a agir a faça isso TODOS OS DIAS, de hoje em diante. A paciência e a persistência, com a constância de propósito lhe permitirão alcançar coisas que você jamais imaginou que seriam possíveis.

Então, anote no espaço abaixo qual é o próximo objetivo que você pretende alcançar e qual é a primeira ação que implementará hoje.

Meu objetivo é:

_____

_____

A primeira ação que colocarei em prática HOJE para alcance deste objetivo é:

_____

_____

Agora que você já anotou, agradeça como se o objetivo já tivesse sido alcançado, tire a bunda da cadeira e comece a agir.

Recapitulando

EXERCÍCIO NÚMERO 17:
TBC – Tire a Bunda da Cadeira

1. Ao acordar ou antes de dormir, anote em seu Caderno da Gratidão pela Prosperidade Financeira os três itens de hoje relacionados à prosperidade financeira pelos quais é grato; releia-os e diga em voz alta três vezes: obrigado(a), obrigado(a), obrigado(a).
2. Escreva qual é o próximo objetivo que você pretende alcançar e qual é a primeira ação que implementará hoje. Agradeça como se o objetivo já tivesse sido alcançado.
3. Tire a bunda da cadeira e trate de agir AGORA.

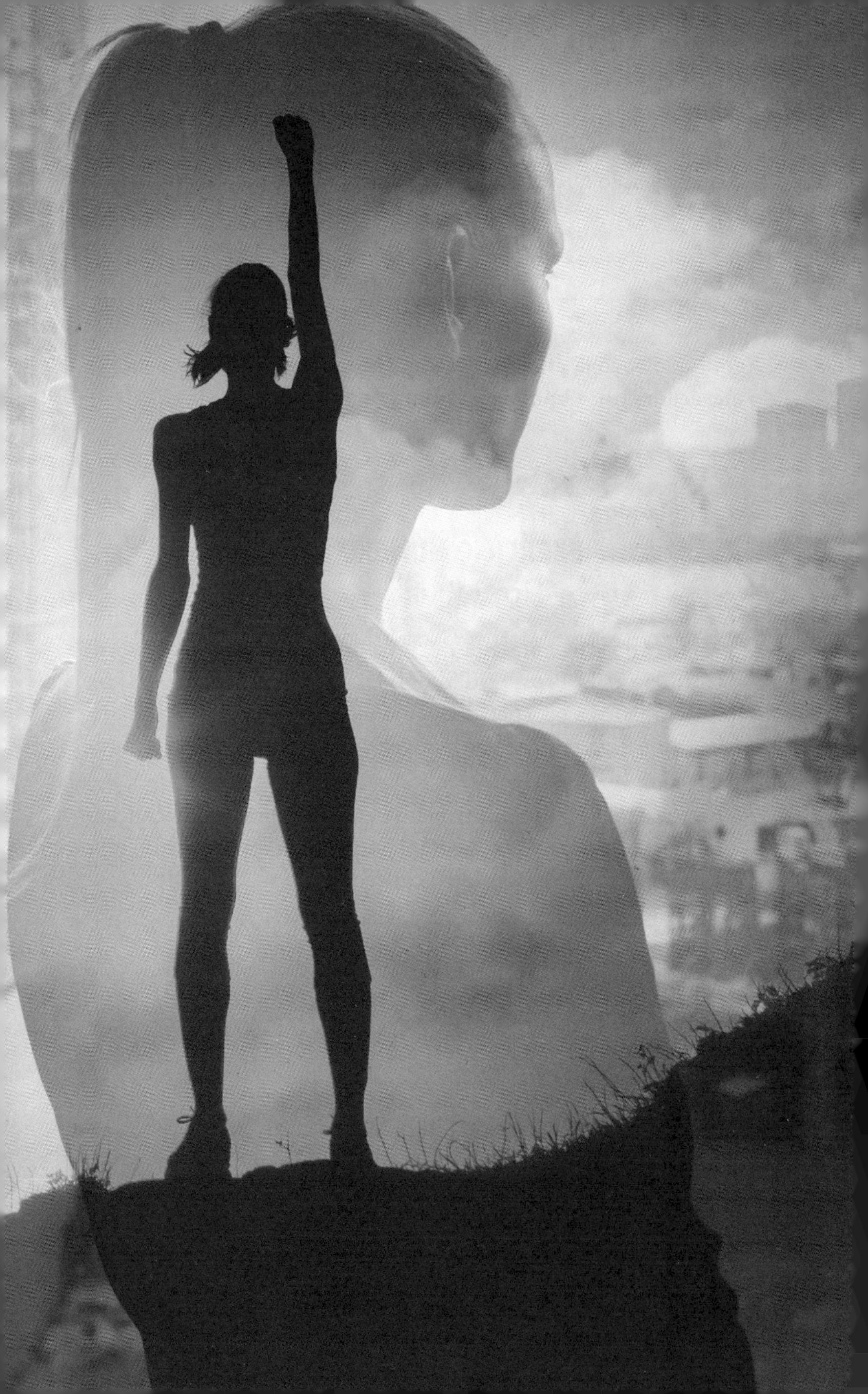

Bem debaixo dos seus pés

Todos nós sabemos gastar. Aliás, a maioria de nós é capaz de fazer o dinheiro sair de nosso bolso numa velocidade infinitamente maior do que o ritmo em que entrou. E isso só reforça o paradigma da falta, da escassez financeira.

Frases do tipo: "dinheiro não cresce em árvores" ou "Está pensando que o meu dinheiro é capim?" só reforçam o quanto ganhar dinheiro é duro, trabalhoso, difícil, e enquanto você não mudar essa crença, também não vai conseguir direcionar o fluxo da prosperidade para a sua vida.

Está na hora de mostrar para a sua mente que você é capaz de fazer dinheiro, e que existem fontes inesgotáveis, à sua disposição, bem aí pertinho de você, debaixo dos seus pés.

Sim, o dinheiro não nasce em árvores; é muito mais fácil que isso. Ele se materializa no ar. Se nascesse em árvores teríamos o trabalho de subir para pegar.

E sua tarefa de hoje será materializar dinheiro, sem que o Banco Central mande prendê-lo por isso.

Dia 18

Recursos Escondidos

A sua tarefa de hoje é vasculhar toda a sua casa e procurar objetos que possam virar dinheiro. Procure no fundo dos armários, nas prateleiras, nas gavetas, dentro de velhas caixas, mas olhe também o que está bem aparente, debaixo dos seus pés, possivelmente sem utilidade para você, e que pode ser de grande valia para alguém que se dispõe a pagar por isso.

Desapegue-se de coisas que só estão entulhando a sua vida. Depois anuncie num site desses de vendas, como a OLX, por exemplo, e você vai se surpreender com a quantidade de dinheiro que é capaz de fazer com coisas que estavam sendo inúteis ao seu redor.

Veja bem, este exercício é poderoso não só pelo dinheiro imediato que você vai gerar, que por si só, já seria muito interessante. Mas o melhor de tudo é que você está ensinando a sua mente a parar de gastar e aprender a gostar de ganhar, de receber, de fazer dinheiro.

Depois bata uma foto do montante que você conseguiu e poste em seu Instagram com nossa marcação: **#agratidaotransforma, #marcialuz**. Sua conquista servirá de inspiração para outros leitores desse livro, que também se sentirão estimulados a fazer dinheiro com os recursos escondidos bem debaixo de seus pés.

Agradeça o dinheiro que você acabou de materializar em sua vida, sabendo que assim como foi capaz de providenciar aquela quantia, será capaz de fazer muito mais.

Recapitulando

EXERCÍCIO NÚMERO 18:
Recursos Escondidos

1. Ao acordar ou antes de dormir, anote em seu Caderno da Gratidão pela Prosperidade Financeira os três itens de hoje relacionados à prosperidade financeira pelos quais é grato; releia-os e diga em voz alta três vezes: obrigado(a), obrigado(a), obrigado(a).
2. Vasculhe toda a sua casa e procurar objetos que possam virar dinheiro. Desapegue-se de coisas que só estão entulhando a sua vida.
3. Depois anuncie num site desses de vendas, como a OLX, por exemplo, e você vai se surpreender com a quantidade de dinheiro que é capaz de fazer com coisas que estavam sendo inúteis ao seu redor.
4. Bata uma foto do montante que você conseguiu e poste em seu Instagram com nossa marcação: **#agratidaotransforma**, **#marcialuz**.
5. Agradeça o dinheiro que você acabou de materializar em sua vida, sabendo que assim como foi capaz de providenciar aquela quantia, será capaz de fazer muito mais.

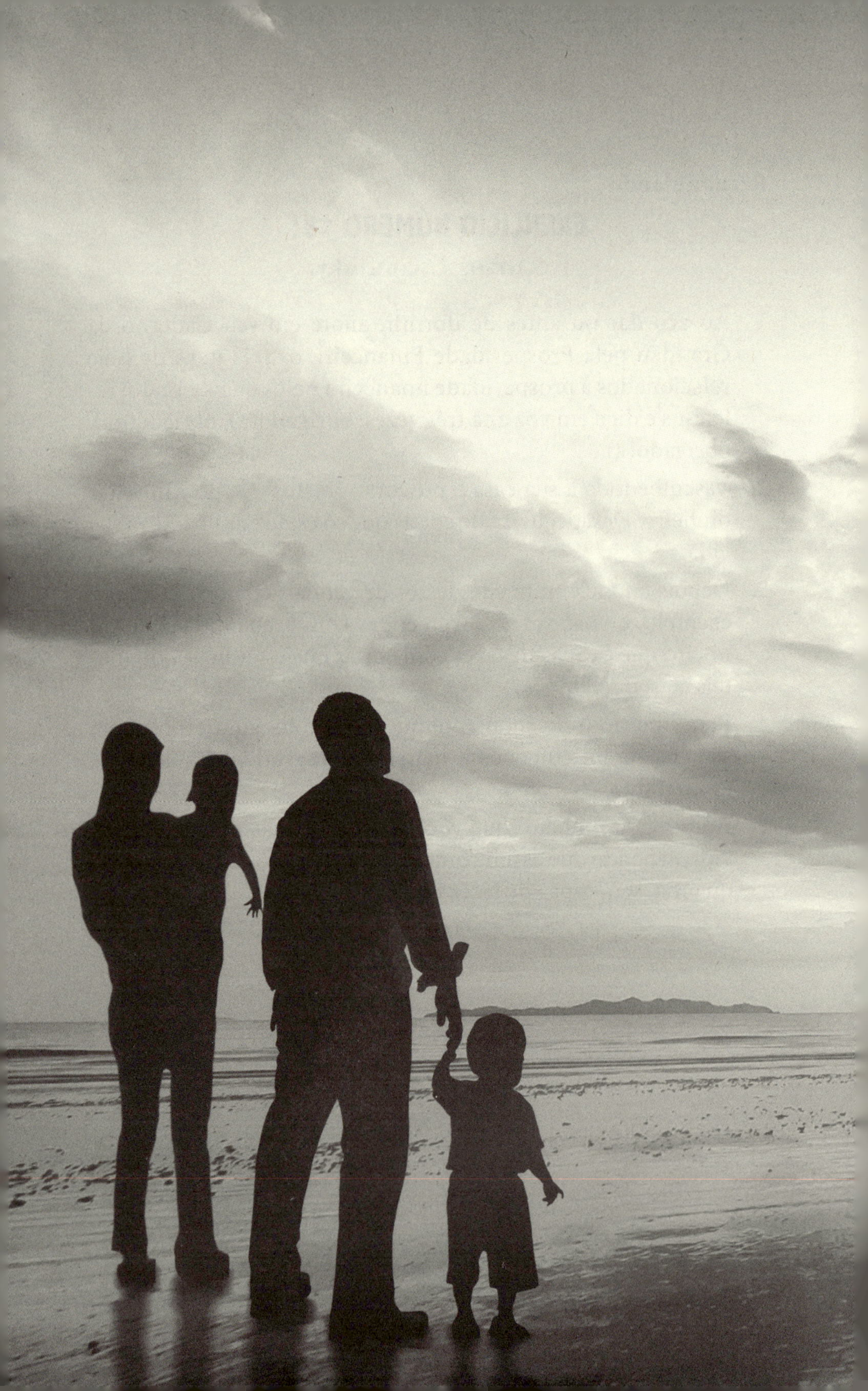

O mundo precisa conhecer o seu valor

A maioria dos meus clientes tem uma queixa recorrente: "Marcia Luz, se o mundo soubesse como o meu produto ou serviço é maravilhoso, eu teria 10 vezes mais clientes e seria muito mais bem remunerado pelo que eu ofereço".

Olha, eu acredito em você, mas acontece que não adianta eu e sua mãe sabermos que você é bom se você continua sendo um ilustre desconhecido para o mercado.

O mundo precisa conhecer o seu valor e o movimento para mostrar isso precisa ser realizado por você. Não é por acaso que as empresas gastam milhões de dólares, todos os anos, para divulgar seus produtos e serviços. Mesmo empresas que já estão há muito tempo consolidadas no mercado continuam investindo em publicidade, porque o sucesso do passado não assegura o sucesso do futuro e quem não é visto, não é lembrado, ou é completamente esquecido.

Então vamos tratar de mostrar seus produtos e serviços para o mundo.

Dia 19

Ofereça uma Amostra

Sua tarefa de hoje é fazer um brainstorming, também conhecido em Minas Gerais como "toró de palpites", para criar uma amostra, ou um brinde, para seus clientes.

Eu sei que este não é um conceito novo. Desde a "época do epa" as empresas colocam pequenos brinquedos-surpresa em caixa de cereais matinais, dentro de salgadinhos, panetones, chocolates, e você vai me dizer que nunca teve que comprar um produto para o seu filho apenas para pegar o brinquedinho que estava dentro?

Quantas vezes você começou a utilizar uma nova marca de hidratante ou perfume porque recebeu uma amostra grátis? E quantos produtos foram parar em seu carrinho de compras do supermercado porque você provou uma "amostrinha" quando estava com fome?

O mundo digital revolucionou ainda mais essa prática porque agora é possível entrar em um site, fazer o download de um aplicativo e escanear um cupom de descontos, isso pra não falar dos velhos cupons nas revistas que ainda nos fazem arrancar as páginas e recortar para fazer uso mais tarde.

Não encare a amostra grátis como custo; ela é um investimento poderoso na expansão de seus negócios e aumento significativo do número de clientes.

Agradeça pelos novos clientes que você tem certeza de que serão atraídos para o seu negócio.

E aqui vai uma dica extra: se o seu brinde for um item colecionável, prepare-se para um sucesso ainda maior.

Recapitulando

EXERCÍCIO NÚMERO 19:
Ofereça uma Amostra

1. Ao acordar ou antes de dormir, anote em seu Caderno da Gratidão pela Prosperidade Financeira os três itens de hoje relacionados à prosperidade financeira pelos quais é grato; releia-os e diga em voz alta três vezes: obrigado(a), obrigado(a), obrigado(a).

2. Faça um brainstorming para criar uma amostra, ou um brinde, para seus clientes.

3. Não encare a amostra grátis como custo; ela é um investimento poderoso na expansão de seus negócios e aumento significativo do número de clientes.

4. Agradeça pelos novos clientes que você tem certeza de que serão atraídos para o seu negócio.

5. Importante: se o seu brinde for um item colecionável, prepare-se para um sucesso ainda maior.

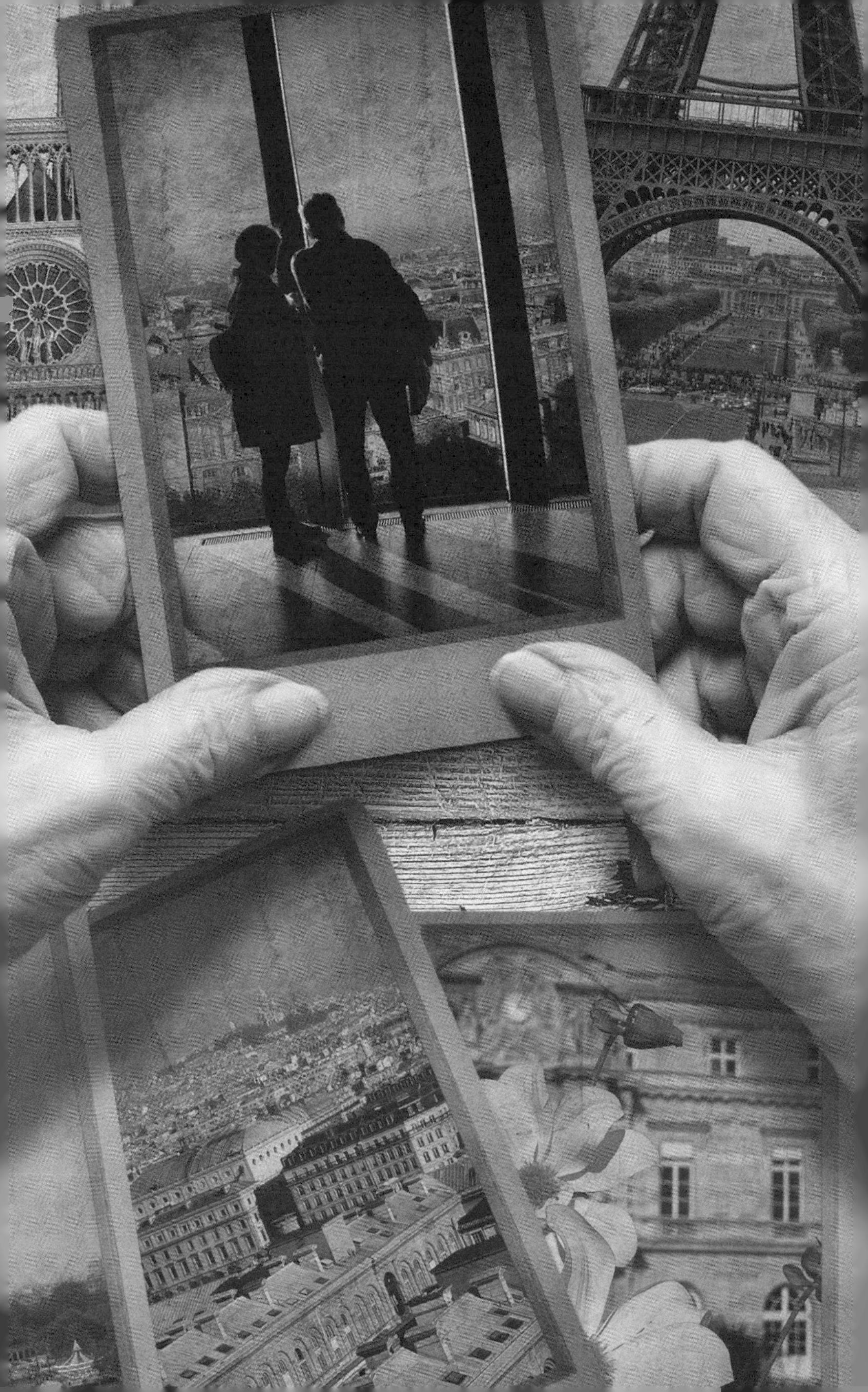

Recordar é viver... e uma ótima fonte de renda

Você já reparou o quanto somos nostálgicos e amamos lembrar de bons momentos do passado?

Já assistiu a algum daqueles vídeos no YouTube que mostra os brinquedos da sua infância? Ou os comerciais da sua geração? Já sentiu saudades de algum alimento que não é mais fabricado e disse: "Bons tempos aqueles que não voltam mais"?

Acontece que algumas empresas, sabendo disso, usufruem do "efeito nostalgia", ressuscitando produtos ou serviços que já não existem mais.

É por exemplo o que vem ocorrendo com os discos de vinil. Trinta e quatro anos depois, discos de vinil voltaram a ser mais vendidos do que os CDs. A procura por vinis tem aumentado bastante nos últimos anos e o relatório de 2020 reflete esta nova tendência. De acordo com um relatório da Associação Americana da Indústria de Gravação, as vendas dos discos de vinil chegaram aos 231,1 milhões de dólares ou 195 milhões de euros, enquanto as receitas de venda dos CDs foram de 108 milhões de euros, nos primeiros seis meses do ano de 2020.

E os exemplos não param por aí. Em Nova York, designers de joias estão criando belos anéis, pulseiras e colares com teclas de máquinas de escrever antigas.

E agora é a sua vez de usar a criatividade para explorar essa oportunidade do mercado.

Dia 20

Efeito Nostalgia

A sua tarefa de hoje é realizar um brainstorming levantando ideias de como utilizar o efeito nostalgia para aumentar as vendas de seu produto ou serviço.

Talvez isso possa ser feito em forma de brinde ou pode ser mesmo um novo produto ou serviço que você oferecerá relembrando os velhos tempos.

Veja alguns exemplos de produtos/serviços que podem se utilizar do efeito nostalgia:

- Oferecer bolinhos de chuva, como aqueles feitos pela vovó, num café da tarde em sua loja;
- Montar álbuns de fotografias impressas;
- Vender objetos antigos para proporcionar uma decoração vintage;
- Produzir acessórios como laços e outras bijuterias que remetam a gerações passadas;
- Organizar festas estilo anos 60, 70, 80;
- Produzir peças de roupas dos anos 80;
- Fazer decorações temáticas do programa Vila Sésamo, Sítio do Picapau Amarelo, Hanna Barbera;

- Disponibilizar em bares e restaurantes jogos de tabuleiro e outros brinquedos dos anos 80 para que seus clientes possam utilizar enquanto aguardam o pedido ficar pronto;
- Montar um espaço para lazer onde pais e filhos possam se divertir juntos brincando de peão, bolinha de gude, pulando amarelinha, andando de perna de pau e outras brincadeiras de antigamente;
- Vender ingressos para um almoço ou café da tarde apenas com comidinhas da vovó.

O grande desafio é pensar em tendências do passado que podem auxiliar suas vendas impulsionadas pelo efeito nostalgia. Agradeça às ideias que surgirem tendo a certeza de que junto delas virão novos e grandes negócios/clientes.

Recapitulando

EXERCÍCIO NÚMERO 20:
Efeito Nostalgia

1. Ao acordar ou antes de dormir, anote em seu Caderno da Gratidão pela Prosperidade Financeira os três itens de hoje relacionados à prosperidade financeira pelos quais é grato; releia-os e diga em voz alta três vezes: obrigado(a), obrigado(a), obrigado(a).
2. Realize um brainstorming levantando ideias de como utilizar o efeito nostalgia para aumentar as vendas de seu produto ou serviço.
3. Implemente e aproveite o seu sucesso de vendas.
4. Agradeça às ideias que surgirem tendo a certeza de que junto delas virão novos e grandes negócios/clientes.

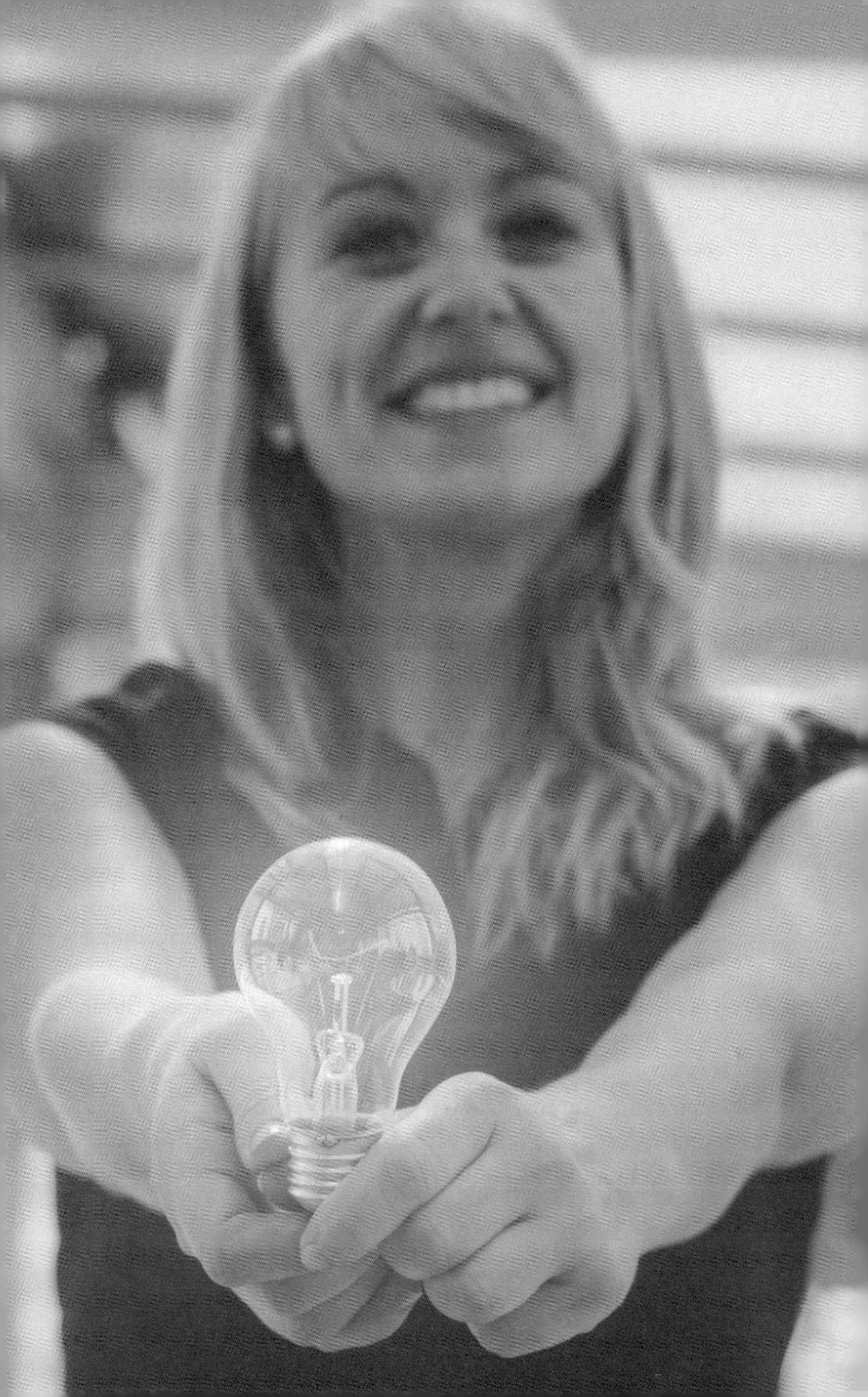

O poder da inovação

Se você continuar fazendo as mesmas coisas, terá sempre os mesmos resultados. E mesmo que seus negócios estejam indo bem, por que se contentar com os resultados de hoje se você pode fazer algo bem melhor?

Lembre-se: nada muda se você não mudar, e o reflexo disso é direto em seus negócios e em sua vida profissional.

Eu mesma sou um exemplo concreto do quanto arriscar-se em novos caminhos é o melhor passaporte para alcançar coisas maiores em sua vida. Deixe-me contar um pouco da minha história.

Na realidade fui criada para a estabilidade. Meus pais me orientaram a estudar muito, conseguir um bom emprego e ficar lá até o dia de minha aposentaria. E como se não bastasse ter ouvido essas orientações, tive o exemplo do meu pai dentro de casa, que se aposentou na mesma empresa onde trabalhou por 35 longos anos.

Segui à risca suas orientações e tratei de passar num concurso público para a Caixa Econômica Federal. Lembro-me como se fosse hoje da minha mãe olhando para o meu pai e dizendo com alívio: "Nossa filha está encaminhada na vida". Só que não. Minha alma ansiava por novos desafios e eu sabia que meu tempo dentro daquela empresa dependeria do espaço que eu encontrasse para crescer profissionalmente.

Depois de 11 anos na Caixa, e lá dentro construí uma carreira como profissional do desenvolvimento humano, percebi que estava na hora de partir. Claro que eu me preparei para a saída; enquanto eu ainda estava lá, fiz pós-graduação, mestrado, montei minha empresa de treinamento, e nas horas vagas atendia outros clientes, construindo o que chamamos de "carteira de clientes". Até que chegou o momento que passou a ser inevitável minha saída.

Pedi demissão da Caixa e continuei a me dedicar ao mercado corporativo. Conquistei novos espaços e virei referência no Brasil na área de desenvolvimento humano. Alcancei realização pessoal, profissional e uma excelente remuneração pelos meus serviços prestados. No entanto, após mais 12 anos, algo dentro de mim gritava que estava na hora de recomeçar, dando um novo salto.

Foi quando decidi entrar no mercado online e expandir minha atuação para pessoas em todo o mundo. Hoje sou um dos maiores nomes do país trabalhando com marketing digital na área de desenvolvimento humano. As aprendizagens necessárias em cada um destes ciclos de trabalho foram completamente diferentes. Precisei me reinventar, e a cada novo desafio, muitos medos me assolaram, e o que me fazia seguir em frente era a certeza de que eu só precisava que a coragem estivesse um passo na frente do medo.

Veja bem: eu não estou falando em abandonar o que você faz bem hoje e se lançar de cabeça num mundo completamente diferente. Eu construí a minha saída da Caixa Econômica Federal. Anos depois, eu planejei a minha entrada no mercado digital e fui migrando do universo corporativo para ele gradativamente.

Tony Robbins nos diz que devemos cuidar bem de nosso negócio atual enquanto vamos construindo o negócio do futuro.

E você, o que a vida está sinalizando que você precisa reinventar neste exato momento para expandir suas possibilidades? Vamos exercitar isso hoje.

Dia 21

Faça Algo Diferente

Hoje é dia de enfrentar seus medos e descobrir como você pode se arriscar para fora da sua zona de conforto.

Muitas vezes desconhecer uma área na qual se pretende entrar é uma vantagem competitiva, porque permite a você enxergar coisas por uma ótica diferente de quem já viciou o olhar e isso expandirá suas possibilidades de atuação.

Lembro-me de uma reunião que eu participei com os meus colegas de um grupo de mastermind de marketing digital. O dirigente do grupo dava uma palestra e eu ouvia atentamente porque para mim parecia que ele estava falando em grego e eu precisava me esforçar para entender as estratégias daquele novo mundo. Enquanto isso, dois outros colegas no fundo da sala de aula me olhavam e riam muito. No intervalo fui perguntar para eles do que estavam rindo e a resposta foi: "A sua cara, Marcia, é de que não está entendendo 5% do que está sendo dito, mas depois você vai lá em sua empresa e com esses 5% faz mais resultados do que todos nós juntos". E eles tinham razão.

Provavelmente você já ouviu a frase: "Por não saber que não era possível, foi lá e fez". Pois esta frase passou a ser uma das minhas diretrizes de vida e espero que possa ser a sua também.

É hora de expandir seu território de atuação, entrar em campo e fazer acontecer. Agradeça desde já as oportunidades que estão surgindo em seu novo horizonte de atuação.

Recapitulando

EXERCÍCIO NÚMERO 21:
Faça Algo Diferente

1. Ao acordar ou antes de dormir, anote em seu Caderno da Gratidão pela Prosperidade Financeira os três itens de hoje relacionados à prosperidade financeira pelos quais é grato; re-leia-os e diga em voz alta três vezes: obrigado(a), obrigado(a), obrigado(a).
2. Hoje você vai enfrentar seus medos e descobrir como pode se arriscar para fora da sua zona de conforto, atuando em algo novo.
3. Lembre-se que você deve cuidar muito bem do seu negócio atual enquanto vai construindo as bases do seu negócio do futuro. E talvez aí possa conciliar os dois, sem precisar abandonar o primeiro.
4. Agradeça desde já as oportunidades que estão surgindo em seu novo horizonte de atuação.

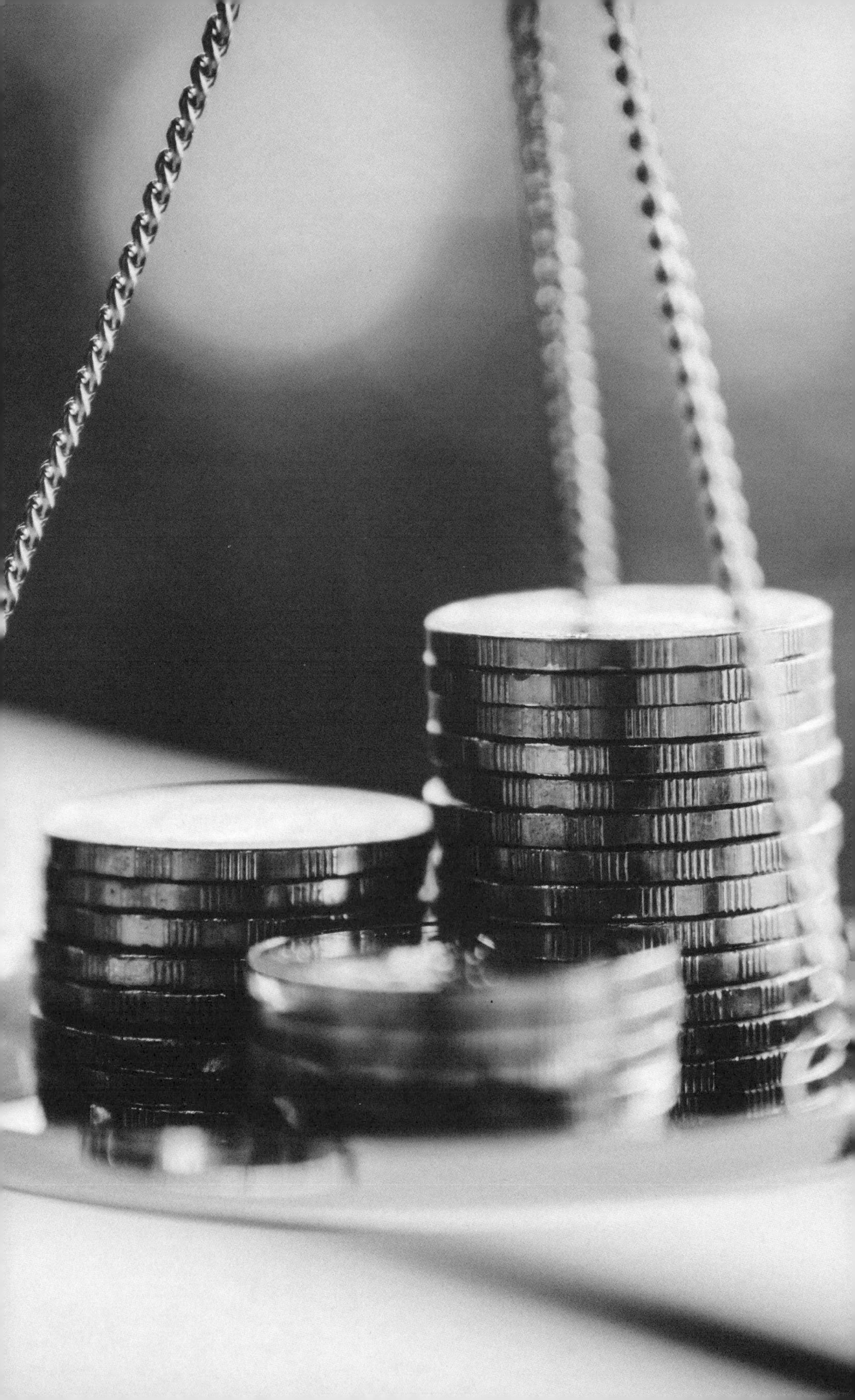

O valor do seu dinheiro

Quando eu comecei a ingressar no mundo dos milionários, aprendi que se eu queria ser uma dessas pessoas, precisava ter amigos que já o fossem. Então tive a oportunidade de conhecer alguém que já havia conquistado uma bela fortuna e saímos para jantar. Por ser uma figura pública, que talvez você conheça, não vou mencionar o nome dele, mas acredite, é alguém com um saldo com vários dígitos na conta.

Fomos numa pizzaria eu, meu marido, o multimilionário e a esposa. Ele já sabia o suficiente a nosso respeito para concluir que a nossa situação financeira era bastante inferior a dele. Pedimos uma pizza e tomamos um vinho.

Na hora de pagar a conta, o garçom entregou para ele, que não teve dúvidas: puxou uma calculadora e dividiu centavo a centavo o montante por quatro pessoas.

Confesso que fiquei surpresa porque uma pizza não arranharia nem de longe a fortuna daquele homem. Eu e meu marido tínhamos o hábito de sempre assumir o pagamento da conta quando saíamos para jantar com pessoas de poder aquisitivo inferior ao nosso. Mas não foi isso que aquele multimilionário fez. Não julguei, apenas estranhei.

E hoje que tenho muitos amigos multimilionários, pois este agora é o meu mundo, percebo o quanto cada um deles dá valor ao seu próprio dinheiro, e não desperdiça de maneira alguma.

Meu marido costuma dizer que dinheiro não aguenta desaforo; se nós o subestimamos ou desprezamos, ele sai de nossas vidas rapidinho e vai para as mãos de quem o queira de verdade.

Warren Buffett, um dos homens mais ricos do mundo, nos ensina mais uma lição: "Nunca pague o preço do varejo". Isto significa o seguinte: o preço sugerido pelo fabricante e pelo varejista tem uma margem de lucro bastante grande, que tem espaço para você pechinchar. Então acostume-se a perguntar sempre: "Qual é o melhor preço que você pode fazer para que eu leve esta mercadoria agora?"

Tenho um amigo, o Roberto Navarro, maior coach financeiro do Brasil, que aprendeu muito bem esta lição, e ele abriu uma conta para colocar todo o dinheiro que economiza pechinchando. Ele já faz isso há alguns anos e seu saldo nesta conta já passou de um milhão de reais.

Os multimilionários e bilionários conhecem perfeitamente a importância de aumentar continuamente sua fortuna mantendo seus gastos controlados.

DIA 22

Aprenda a Pechinchar

A sua tarefa de hoje é abrir uma conta para o dinheiro da pechincha e todos os dias, a partir de agora, quando comprar qualquer coisa, você vai pechinchar e depositar o que economizou nesta conta.

Sei que algumas pessoas se sentem constrangidas para pedir descontos; outras acham, inclusive, que estão lesando o vendedor. Olha, acredite, ninguém vai vender para você por um valor menor do que aquele que ofereça algum lucro.

Não tenha vergonha de ser um bom comprador. Envergonhe-se sim de não ter respeito pelo seu dinheiro.

E lembre-se de agradecer a Deus, ao Universo e a você mesmo pelo montante que conseguiu economizar pechinchando.

Recapitulando

EXERCÍCIO NÚMERO 22:
Aprenda a Pechinchar

1. Ao acordar ou antes de dormir, anote em seu Caderno da Gratidão pela Prosperidade Financeira os três itens de hoje relacionados à prosperidade financeira pelos quais é grato; releia-os e diga em voz alta três vezes: obrigado(a), obrigado(a), obrigado(a).
2. Abra uma conta para o dinheiro da pechincha e todos os dias, a partir de agora, quando comprar qualquer coisa, você vai pechinchar e depositar o que economizou nesta conta.
3. E lembre-se de agradecer a Deus, ao Universo e a você mesmo pelo montante que conseguiu economizar pechinchando.

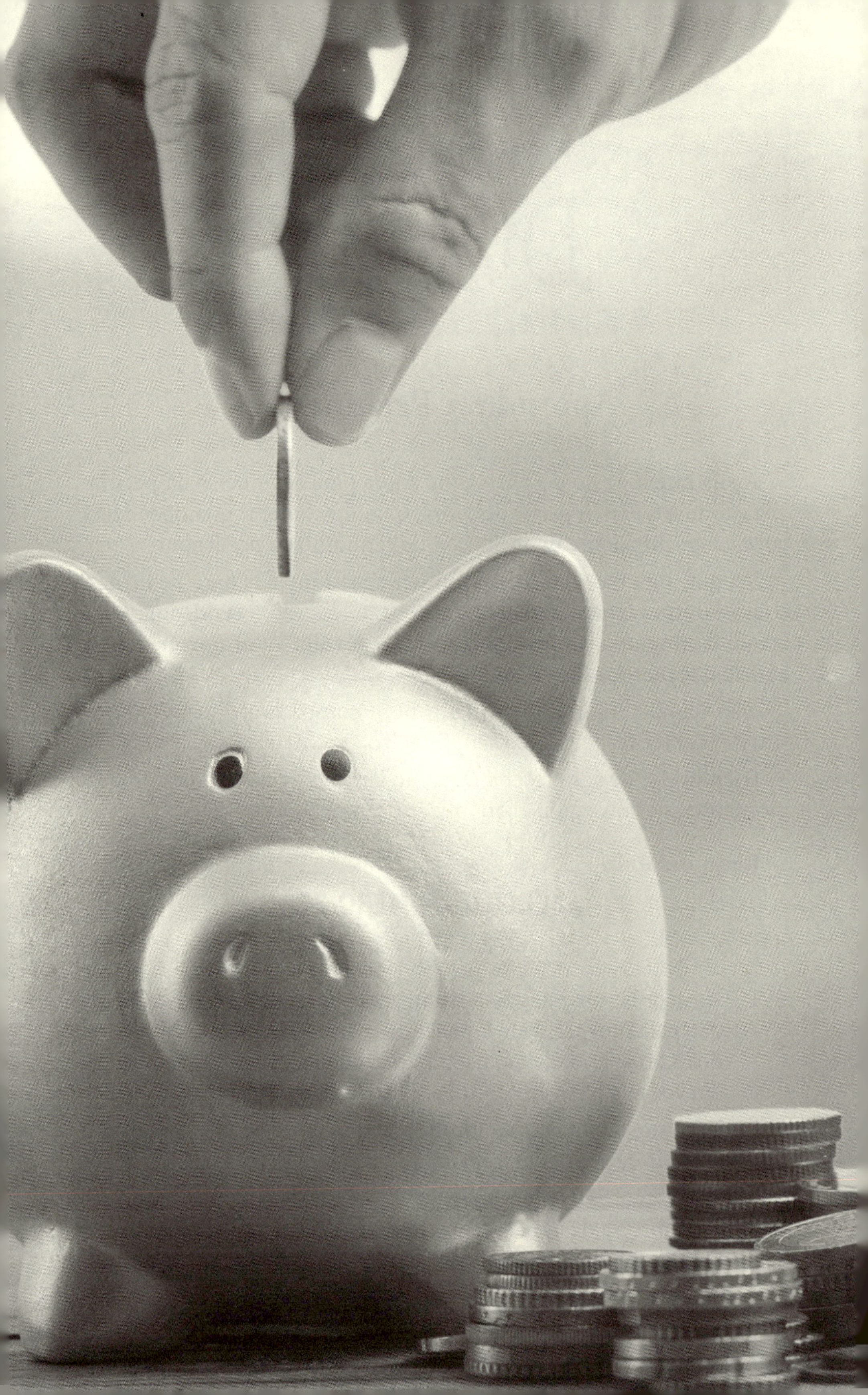

De grão em grão...

Economizar é algo que não agrada a maioria das pessoas, simplesmente porque ficamos com a sensação de que estamos sendo lesados, que estamos passando vontade, deixando de gastar com algo que desejamos. E a sensação é de que a vida é curta demais para passarmos vontades não satisfeitas.

O princípio da economia é que você está poupando agora para ter no futuro. No entanto, seus desejos são imediatos e você não quer abrir mão deles no presente para realizar outros só Deus sabe quando.

Então a grande dica é a seguinte: lembre sua mente de qual é o objetivo a ser alcançado com aquela economia.

Imagine, por exemplo, que você quer fazer uma viagem para Paris. Providencie uma fotografia bem bonita do seu destino, imprima e cole num pote, que será o seu pote da economia.

Todos os dias busque formas de economizar dinheiro que engordarão o seu pote da viagem para Paris. Ao ver a imagem de seu objetivo todos os dias você aumenta em mais de cem vezes a chance de realizá-lo.

DIA 23

O Pote da Economia

Sua tarefa de hoje é providenciar seu pote da economia. Cole na frente dele uma figura ou frase que lembre qual é o objetivo que o está motivando a economizar. Por exemplo: trocar de carro, reformar a casa, uma viagem dos seus sonhos, fazer aquele curso, sua festa de aniversário, ou qualquer outra coisa que deseje muito.

E a partir de agora sua missão é encher o pote com dinheiro que conseguir economizar, tais como:

- Aquele cafezinho que você tomaria depois do almoço, mas desistiu;
- Qualquer dinheiro que deixou de gastar porque abriu mão de uma compra que já estava decidido a fazer;
- O dinheiro do almoço que economizou porque os amigos pagaram sua parte da conta;
- Aquele trocado que encontrou esquecido num bolso da calça quando foi lavar a roupa;
- A restituição do imposto de renda;
- Os dólares que achou no fundo de uma bolsa que já não mexia desde a última viagem de férias;
- O valor que economizou por usar o cupom de descontos no supermercado.

Lembre-se que pequenos passos levam a grandes resultados e que de grão em grão a galinha enche o papo.

Seu sonho ou meta a ser alcançada servirá de estímulo para economizar e conseguir os recursos para transformar em realidade o que você tanto almeja. E comece a agradecer desde já porque a cada dia você está mais próximo dele.

Recapitulando

EXERCÍCIO NÚMERO 23:
O Pote da Economia

1. Ao acordar ou antes de dormir, anote em seu Caderno da Gratidão pela Prosperidade Financeira os três itens de hoje relacionados à prosperidade financeira pelos quais é grato; releia-os e diga em voz alta três vezes: obrigado(a), obrigado(a), obrigado(a).
2. Providencie seu pote da economia.
3. Cole na frente dele uma figura ou frase que lembre qual é o objetivo que o está motivando a economizar.
4. Lembre-se que pequenos passos levam a grandes resultados e que de grão em grão a galinha enche o papo.
5. Comece a agradecer desde já porque a cada dia você está mais próximo de materializar seu sonho ou meta.

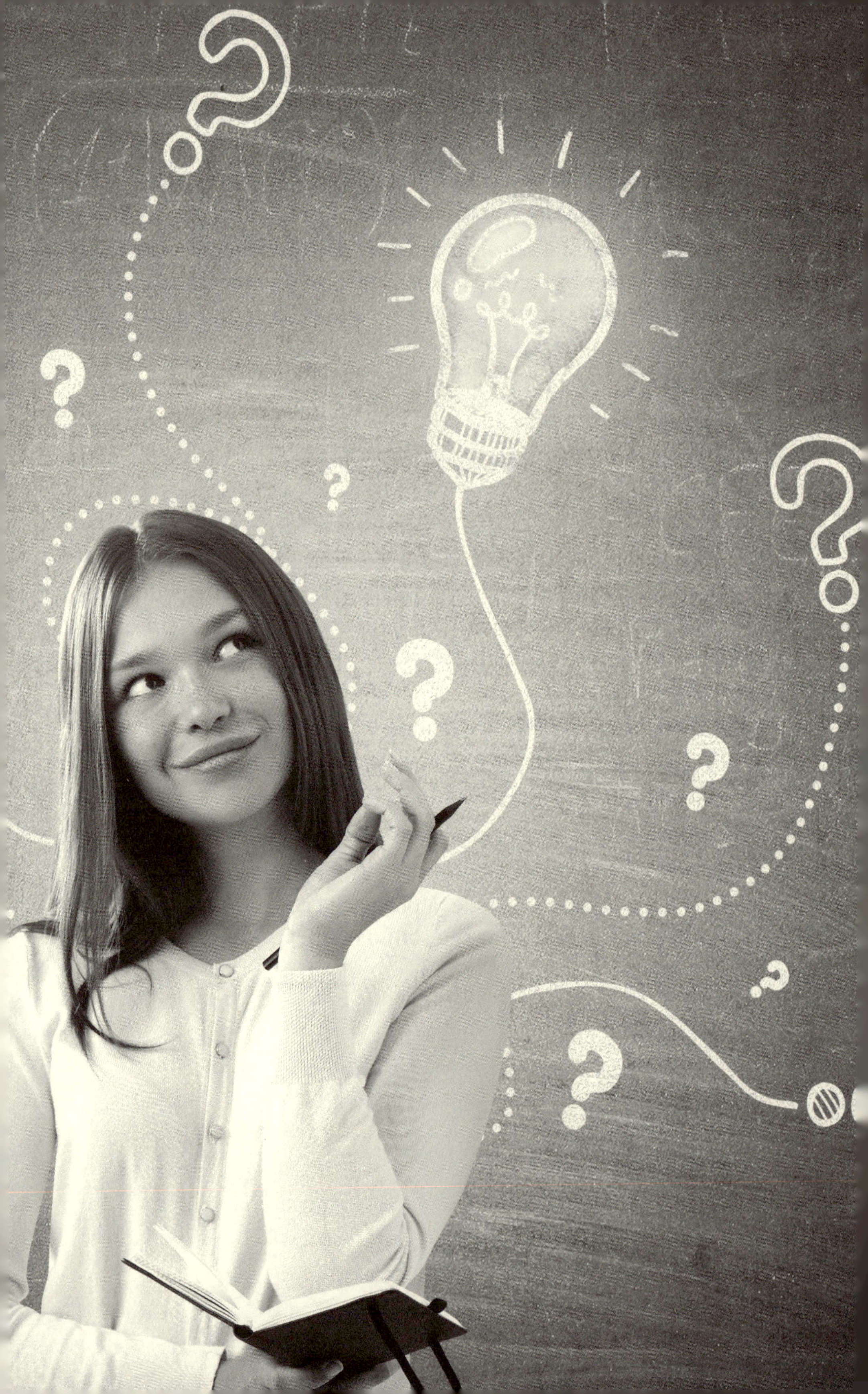

Perguntas poderosas

Aprendi com Napoleon Hill, no livro *Pense e Enriqueça*, que precisamos substituir a nossa consciência do fracasso pela consciência do sucesso e isso se consegue mudando o tipo de pensamento que você alimenta durante o seu dia.

A maioria das pessoas se autossabota porque se utiliza de diálogos internos negativos o tempo todo. Diálogo interno é aquela conversa que temos com nós mesmos, em voz alta ou em pensamento e que normalmente aparecem em formato de perguntas.

Os diálogos internos podem ser positivos ou negativos. Os diálogos internos positivos fortalecem o seu eu; já os negativos têm o poder de detonar completamente a sua vida.

O segredo então é substituir os diálogos internos negativos por positivos ou empoderadores.

Você constrói a sua realidade a partir de seus pensamentos. Alimente as perguntas certas e terá as respostas que realmente necessita para construir um novo patamar de resultados em sua vida, a partir dos diálogos internos corretos.

Dia 24

Faça Perguntas Positivas

De hoje em diante você vai exercitar substituir os diálogos internos negativos por diálogos internos empoderadores, mudando o tipo de perguntas que faz a si mesmo.

Deixe-me dar alguns exemplos:

No lugar de perguntar: *"Por que meus negócios não prosperam?"* substitua por *"O que posso fazer para conseguir mais resultados em meus negócios?"*

Em vez de perguntar *"Por que o dinheiro custa tanto a entrar na minha vida?"* pergunte: *"O que posso fazer para aumentar ainda mais meus rendimentos?"*

Substitua a pergunta: *"Por que essas coisas ruins só acontecem comigo?"* por *"Que oportunidade de aprendizagem a vida está me oferecendo neste momento?"*

Agora é a sua vez. Liste as velhas perguntas negativas que você sempre alimentou e substitua por uma nova pergunta empoderadoras.

Velha pergunta negativa:
_____
_____

Nova pergunta empoderadora:
_____
_____

Depois, anote essas novas perguntas em post-its e espalhe pela casa. Leia em voz alta as novas perguntas empoderadoras várias vezes durante o dia. Sua mente vai procurar respondê-las e com isso fornecerá pistas para novas linhas de ação que produzirão resultados espetaculares.

Agradeça pelos novos diálogos internos positivos ou empoderadores que você acabou de construir com suas novas perguntas.

Recapitulando

EXERCÍCIO NÚMERO 24:
Faça Perguntas Positivas

1. Ao acordar ou antes de dormir, anote em seu Caderno da Gratidão pela Prosperidade Financeira os três itens de hoje relacionados à prosperidade financeira pelos quais é grato; releia-os e diga em voz alta três vezes: obrigado(a), obrigado(a), obrigado(a).
2. Exercite substituir os diálogos internos negativos por diálogos internos empoderadores, mudando o tipo de perguntas que faz a si mesmo.
   Velha pergunta negativa:_____
   Nova pergunta empoderadora: _____
3. Anote essas novas perguntas em post-its e espalhe pela casa.
4. Leia em voz alta as novas perguntas empoderadoras várias vezes durante o dia. Sua mente vai procurar respondê-las e com isso fornecerá pistas para novas linhas de ação que produzirão resultados espetaculares.
5. Agradeça pelos novos diálogos internos positivos ou empoderadores que você acabou de construir com suas novas perguntas.

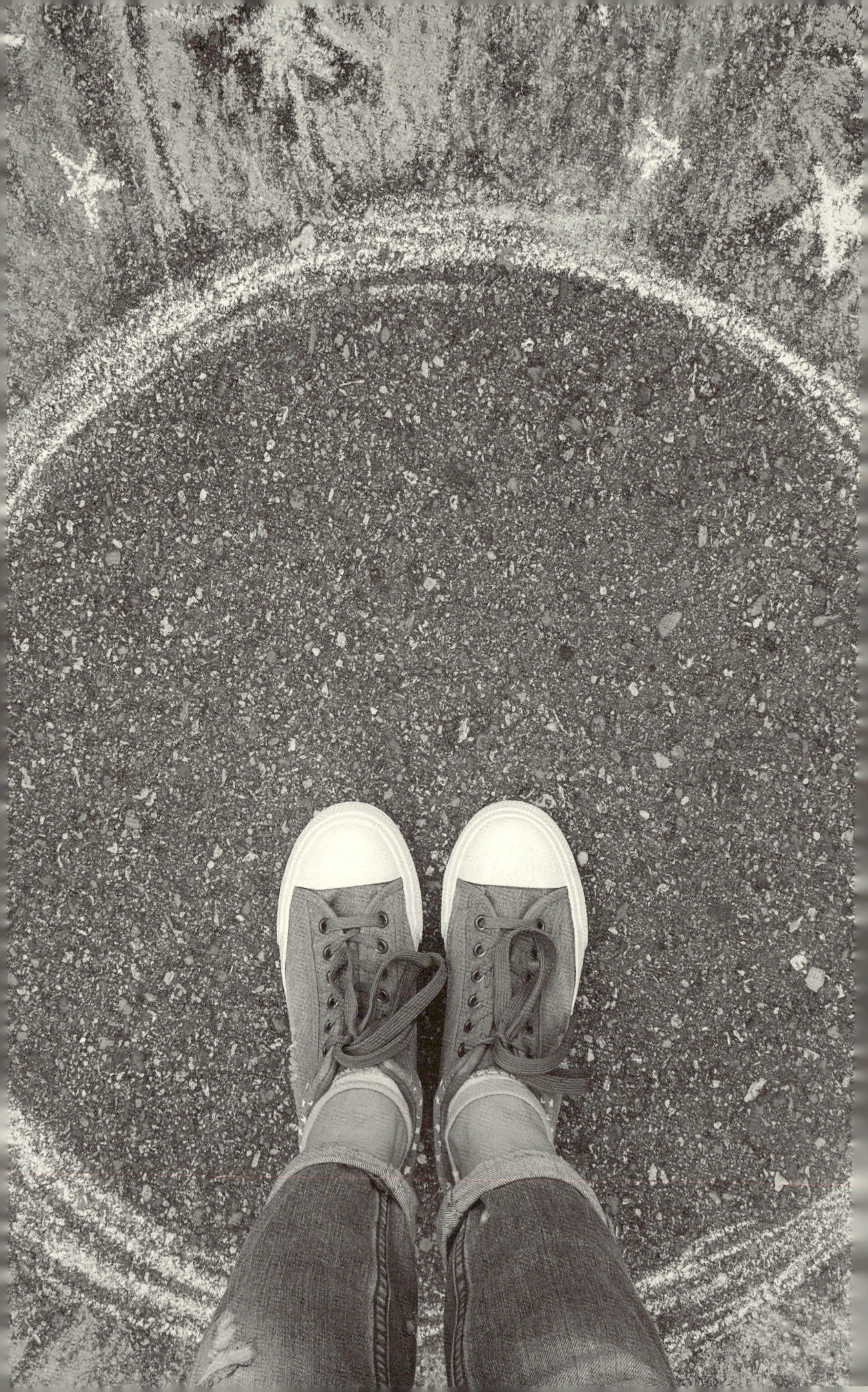

Saia da zona de conforto

Certa vez um homem chegou ao posto de gasolina para abastecer o seu carro e viu que havia um cachorro de rua, deitado no chão, ganindo muito. O bicho fazia tanto barulho, parecendo que estava sentindo muita dor, que o homem compadecido, não aguentou e perguntou ao frentista:

— Por que este cachorro chora tanto?

E o frentista respondeu:

— Por que está deitado numa tábua onde tem um prego que está espetando sua barriga.

O homem ficou ainda mais chocado com a resposta e perguntou:

— Então por que ele não levanta da tábua com o prego?

E o frentista respondeu:

— Porque não está doendo tanto assim.

E nas nossas vidas, quantas vezes agimos da mesma forma? "Tá ruim, mais tá bom". "Ruim com ele, pior sem ele". "Estou na merda, mas tá quentinho".

O ser humano tem uma enorme capacidade de se acostumar, inclusive com os problemas, e depois de um tempo nem percebe mais o desconforto.

É o que nós chamamos de construir e viver dentro de sua zona de conforto. Acontece que este espaço provavelmente está restrito demais e seguramente muito mais desconfortável do que você imagina. Então está na hora de ampliar suas fronteiras.

DIA 25

Está Quentinho, mas Vai Esfriar

Hoje é dia de começar a sair da zona de conforto, porque acredite, a merda está quentinha, mas vai esfriar.

Então hoje você vai responder algumas perguntas que lhe permitirão ampliar seus horizontes e pensar fora da caixa onde você se meteu. Vamos a elas então.

- A que crenças você está se apegando em seu negócio ou carreira que não estão lhe permitindo enxergar novas possibilidades?
- Que ideias estão catalogadas em sua mente como as que funcionam e as que não funcionam? E se você pudesse inverter isso?
- Que pequena tarefa você repete todos os dias por hábito e que poderia ser eliminada?
- Quais são as percepções negativas acerca de si mesmo que estão lhe impedindo de conquistar desafios maiores?

É hora de levantar do prego e fazer a diferença em sua vida.

E comece a agradecer pelas novas oportunidades que surgirão fora da sua velha zona de conforto.

Recapitulando

EXERCÍCIO NÚMERO 25:
Está Quentinho, mas Vai Esfriar

1. Ao acordar ou antes de dormir, anote em seu Caderno da Gratidão pela Prosperidade Financeira os três itens de hoje relacionados à prosperidade financeira pelos quais é grato; releia-os e diga em voz alta três vezes: obrigado(a), obrigado(a), obrigado(a).
2. Responda às seguintes perguntas que lhe permitirão ampliar seus horizontes e pensar fora da caixa:
   - A que crenças você está se apegando em seu negócio ou carreira que não estão lhe permitindo enxergar novas possibilidades?
   - Que ideias estão catalogadas em sua mente como as que funcionam e as que não funcionam? E se você pudesse inverter isso?
   - Que pequena tarefa você repete todos os dias por hábito e que poderia ser eliminada?
   - Quais são as percepções negativas acerca de si mesmo que estão lhe impedindo de conquistar desafios maiores?
3. É hora de levantar do prego e fazer a diferença em sua vida.
4. Comece a agradecer pelas novas oportunidades que surgirão fora da sua velha zona de conforto.

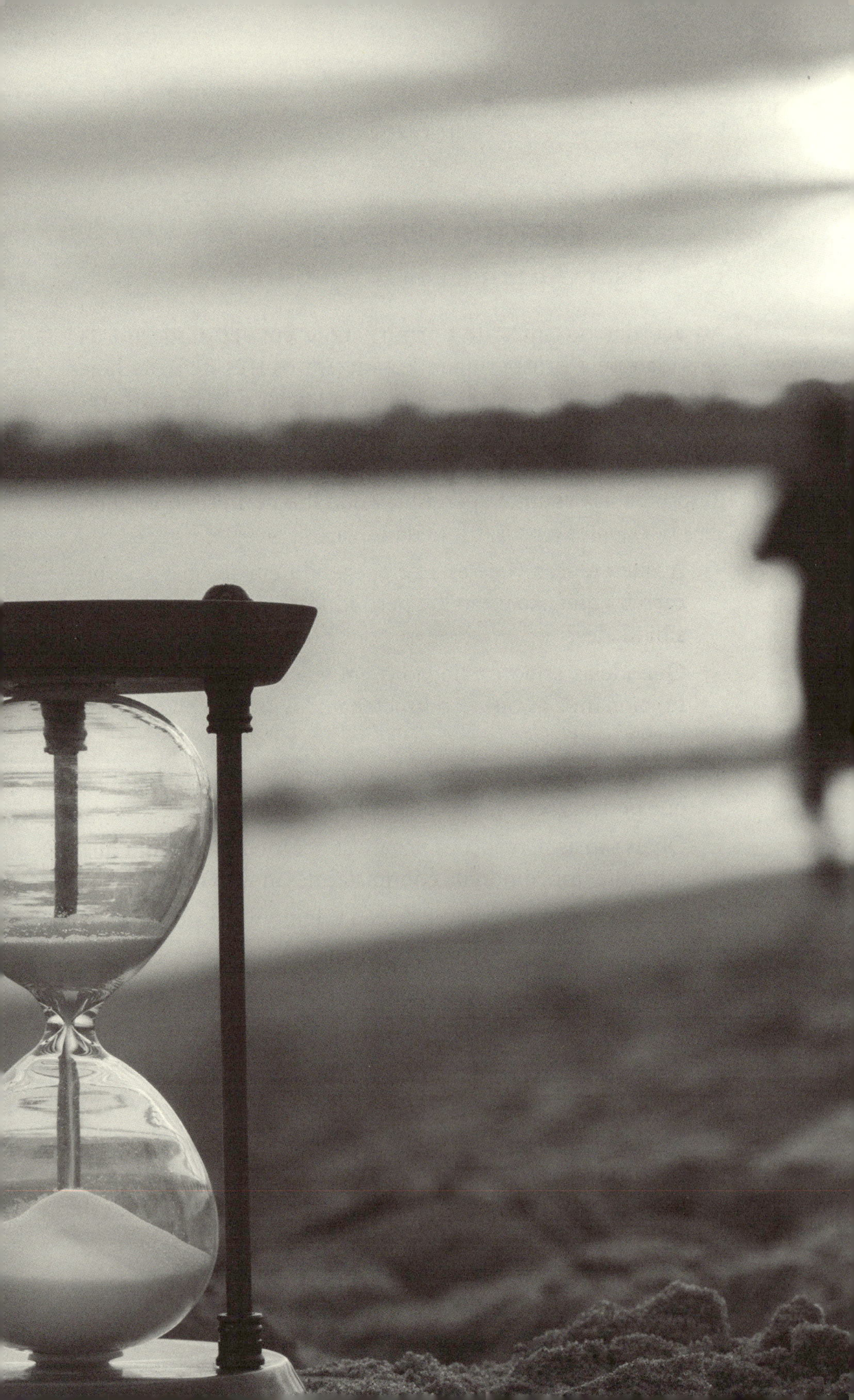

Hoje, amanhã e depois

Em 2011 tive a oportunidade de conhecer o seu Francisco, pai do Zezé de Camargo e Luciano. Desde que assisti ao filme *Os Filhos de Francisco*, virei fã daquele homem, porque achei incrível a determinação dele para mudar a história de toda a família.

Quando escrevi o meu livro *Construindo um Futuro de Sucesso* busquei a participação de pessoas que tiveram uma vida modesta, ou até que enfrentaram dificuldades, mas que viraram o jogo e conquistaram a vida de seus sonhos. Eu queria entender quais eram os ingredientes que faziam com que algumas pessoas se destacassem na multidão porque uma vez entendido o modelo de sucesso, poderia ser ensinado e replicado para muito mais gente. E o seu Francisco foi um dos *cases* estudados em meu livro.

Ele aceitou participar e veio para o lançamento do livro, ficando hospedado na minha casa, o que me deu a oportunidade de conhecer os bastidores da vida do seu Francisco e descobrir o ingrediente mágico utilizado por ele para mudar a história da família. E sabe qual é o segredo? Foco e determinação.

Seu Francisco trocou uma vaca por uma gaita quando o Zezé de Camargo tinha 3 anos de idade e assim iniciou as tentativas de fazer com que o menino decolasse como cantor. Acontece que a música "É o amor", responsável por enfim a dupla sertaneja obter sucesso, foi lançada quando o Zezé tinha 30 anos de idade. Isso significa que seu Francisco lutou por 27 anos seguidos para mudar a história de toda a família.

Hoje, amanhã e depois... hoje, amanhã e depois... hoje, amanhã e depois... este é o segredo do sucesso. Essa é uma expressão que aprendi com um dos meus mentores, Bruno Gimenes, e que fez total sentido pra mim: hoje, amanhã e depois. É assim que alcanço minhas grandes vitórias, é assim que todas as pessoas de sucesso fazem acontecer.

Costumamos saber de casos de pessoas que enriqueceram da noite para o dia. Mas isso não é verdade. Você está vendo o palco delas, o que aparece para todos. Mas quanto tempo trabalharam nos bastidores para que pudessem brilhar no palco?

A música "É o amor", do Zezé de Camargo e Luciano deu a impressão de que uma dupla sertaneja desconhecida conseguiu sucesso do dia para a noite, mas o que dizer dos 27 anos de luta que estavam por trás deste sucesso meteórico e que ninguém viu?

E é isso que vamos exercitar a partir do exercício de hoje.

Dia 26

Paciência e Persistência

Paciência e persistência. Hoje, amanhã e depois. Pesquisas mostram que a maioria das pessoas desiste de seus sonhos quando já trilharam 90% da caminhada.

Elas não sabiam que estavam tão perto. Simplesmente cansaram e desistiram. É o que se chama de "nadar, nadar, nadar e morrer na praia". Mas a sua história será diferente, porque você faz parte dos sobreviventes, dos vencedores.

Sua tarefa de hoje é assistir ao filme *De Porta em Porta*, que conta a verdadeira história de Bill Porter, um vendedor de Portland, Oregon, Estados Unidos. Apesar de ter nascido com uma paralisia cerebral, que cria limitações na sua fala e movimentos, Bill Porter (vivida por William H. Macy) tem todo o apoio da sua mãe para obter um emprego como vendedor na Watkins Company. Bill consegue o emprego, apesar de certa relutância devido às suas limitações, pois teria que ir de porta em porta oferecendo os produtos da companhia. Bill só conseguiu o emprego quando disse para lhe darem a pior rota. Primeiramente Bill é rejeitado pelas pessoas ditas "normais", mas ao fazer sua primeira venda para uma alcóolatra reclusa, Gladys Sullivan (Kathy Baker), ele literalmente não parou mais. Por mais de 40 anos, Bill caminhou 16 quilômetros por dia e se tornou o vendedor modelo da Watkins.

Esse filme vai inspirar você a lutar pelos seus sonhos hoje, amanhã e depois. Você vai descobrir o valor da paciência e persistência e saberá que a sua vitória é inevitável.

Comece a agradecer desde já porque sua vitória está próxima.

Recapitulando

EXERCÍCIO NÚMERO 26:
Paciência e Persistência

1. Ao acordar ou antes de dormir, anote em seu Caderno da Gratidão pela Prosperidade Financeira os três itens de hoje relacionados à prosperidade financeira pelos quais é grato; releia-os e diga em voz alta três vezes: obrigado(a), obrigado(a), obrigado(a).
2. Assista ao filme "De Porta em Porta", que conta a verdadeira história de Bill Porter, da empresa Watkins.
3. Inspire-se em Bill Porter e comprometa-se a lutar pelos seus objetivos e sonhos hoje, amanhã e depois, com paciência e persistência.
4. Comece a agradecer desde já porque sua vitória está próxima.

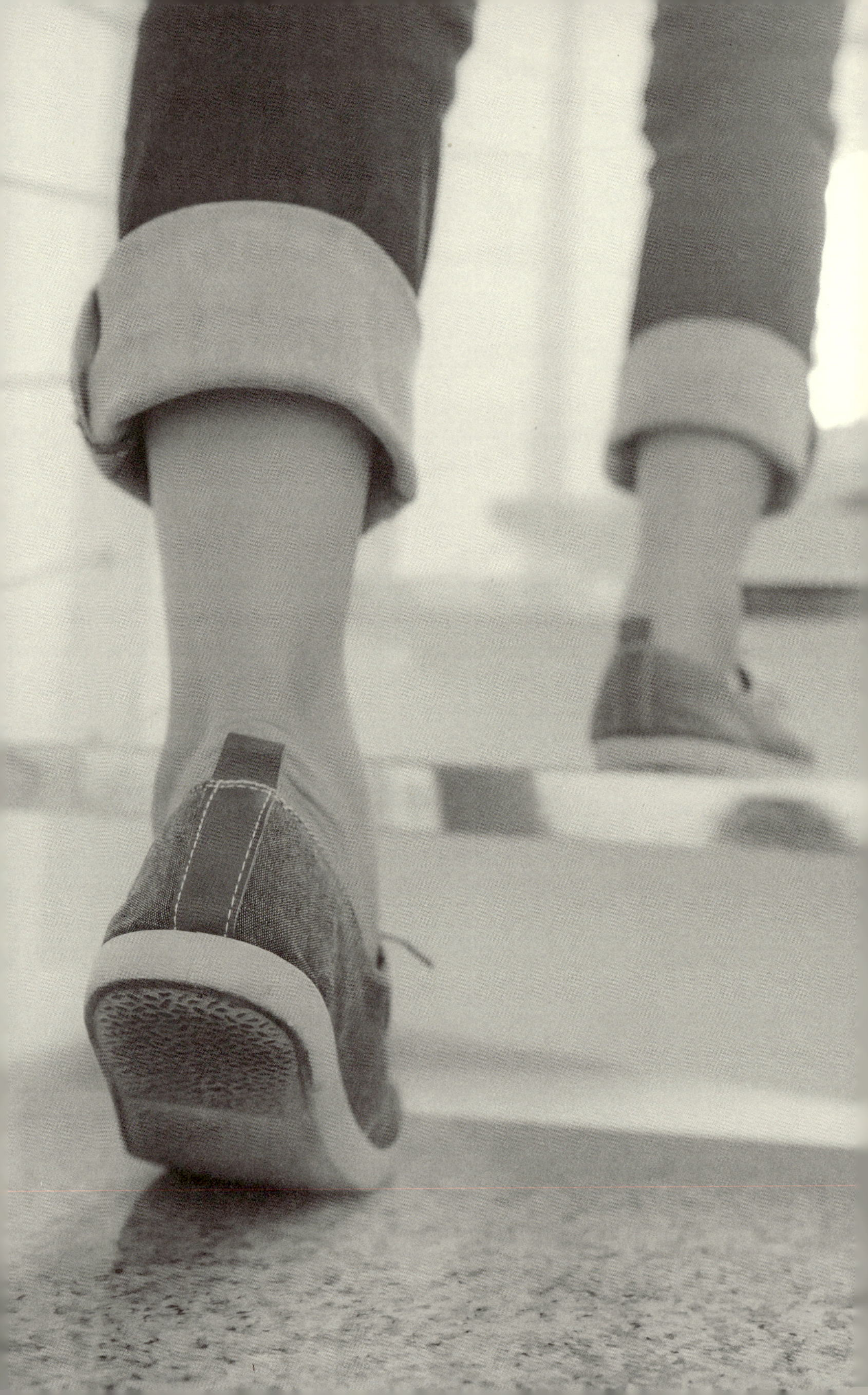

Um passo depois do outro

Hoje eu quero contar para vocês um pouco da história de Bernardo Rocha de Rezende, conhecido como Bernardinho. Ele é um ex-jogador, treinador de voleibol, economista e empresário brasileiro.

Como treinador, Bernardinho é um dos maiores campeões da história do voleibol, acumulando mais de 30 títulos importantes em 22 anos de carreira dirigindo as seleções brasileiras feminina e masculina. Entre 2001 e 2017, foi o técnico da Seleção Brasileira de Voleibol Masculino, tendo conquistado dois ouros olímpicos (2004 e 2016), três Campeonatos Mundiais, duas Copas do Mundo, três Copas dos Campeões e oito Ligas Mundiais. Conjuntamente à sua passagem pela Seleção Brasileira de Voleibol Feminino, Bernardinho conquistou seis medalhas olímpicas consecutivas (de 1996, em Atlanta, a 2016, no Rio de Janeiro): dois bronzes, duas pratas e dois ouros.

Como empresário, possui diversos empreendimentos de sucesso, incluindo a maior rede de academias da América Latina, bem como projetos sociais como o Instituto Compartilhar, que visa desenvolver jovens de comunidades carentes por meio do esporte e a Eduk, que promove o empreendedorismo a partir de cursos online.

Sei que a figura do Bernardinho é controversa; muitos o criticam por ser linha dura como líder, no entanto os resultados que conquistou como técnico do voleibol se devem ao seu esforço obstinado, treino firme com os jogadores e metas audaciosas.

Os jogadores contam que após uma vitória conquistada com garra e empenho, Bernardinho não dava mole para os jogadores não. Eles tinham um curto período para comemorar, descansar, e já voltavam para a concentração a fim de se preparar para a próxima conquista.

Sempre colocou o time em primeiro lugar e quando não era autorizada passagem aérea na classe executiva para todos, ele deixava os jogadores ficarem ali, e viajava lá atrás com os demais técnicos na classe econômica, pois o verdadeiro líder é aquele que se importa com o seu time.

Apesar de todos esses cuidados com os jogadores, Bernardinho exigia dedicação total e jamais aceitava atitudes medíocres ou baixa dedicação.

Pessoas de sucesso sabem que é necessário comemorar a vitória de hoje sim, no entanto já com o foco nos próximos passos, na conquista seguinte. E você precisa fazer o mesmo em sua carreira e em seus negócios.

DIA 27

A Próxima Ação

Grandes empreendedores vivem o presente sem descuidar do futuro de seus negócios. Planeje, pense, trace novos caminhos, inove, desafie-se a fazer mais e melhor.

Comemore as vitórias do presente sem se acomodar. Tenha clareza do próximo passo em seu plano de ação e siga sem demora em direção a ele. Não se permita parar quando alcançar o sucesso; rapidamente siga na direção do próximo degrau a ser conquistado.

Então pegue seu plano de ação. Veja quais as metas que já foram conquistadas e trace a próxima meta, o próximo desafio, e defina o que é necessário em seu plano de ação para conquistar isso. Hoje é dia de traçar sua próxima ação. Vamos lá então?

Recapitulando

EXERCÍCIO NÚMERO 27:
A Próxima Ação

1. Ao acordar ou antes de dormir, anote em seu Caderno da Gratidão pela Prosperidade Financeira os três itens de hoje relacionados à prosperidade financeira pelos quais é grato; releia-os e diga em voz alta três vezes: obrigado(a), obrigado(a), obrigado(a).
2. Pegue seu plano de ação. Veja quais as metas que já foram conquistadas e comemore.
3. Em seguida trace a próxima meta, o próximo desafio, e defina o que é necessário em seu plano de ação para conquistar isso.
4. Comece a agir agora.

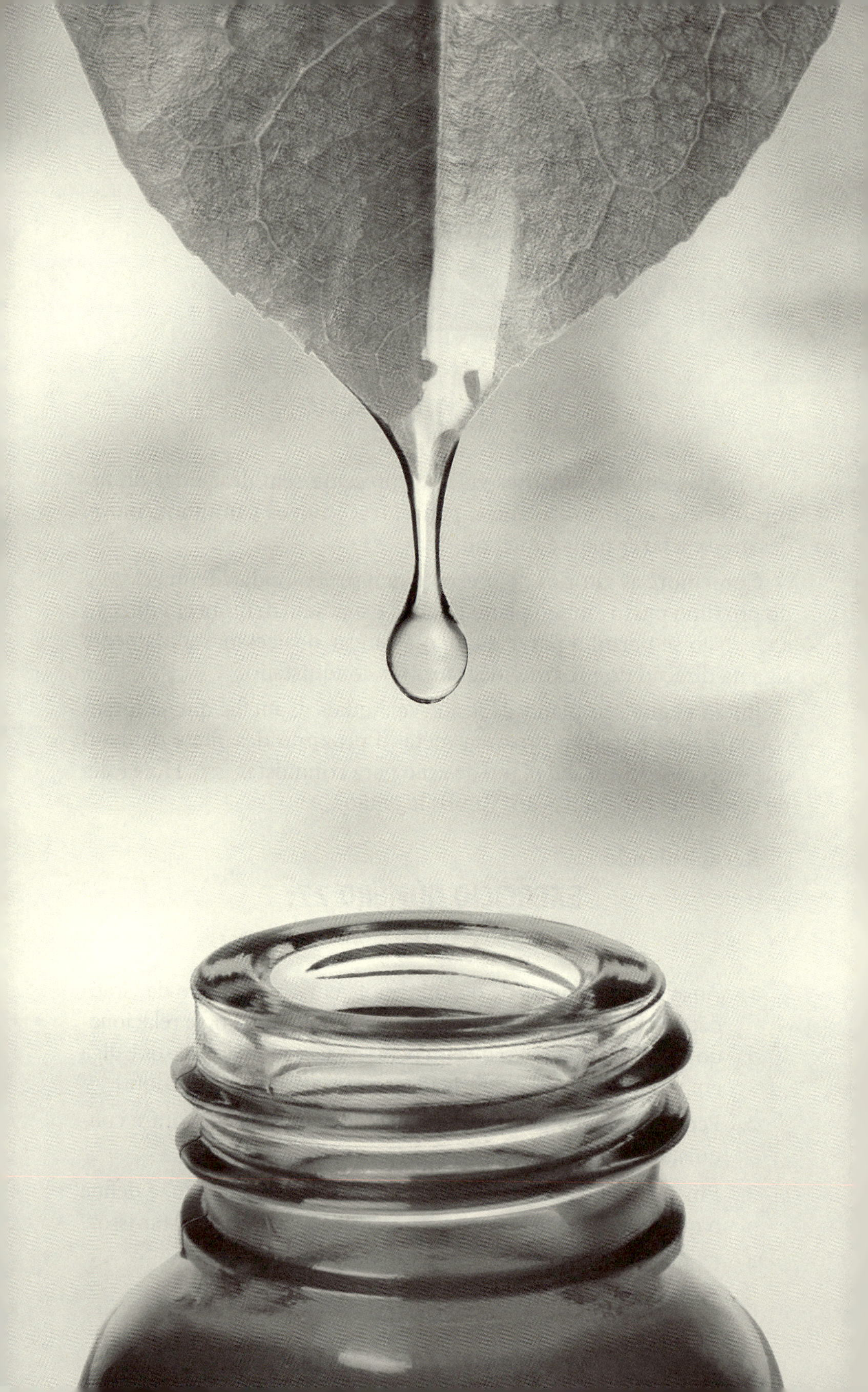

Cuide da essência e terceirize o restante

Terceirização. Parece uma palavra muito complexa e que só combina com a realidade de grandes empresas. Se você for ao dicionário encontrará o seguinte significado: "é uma forma de organização estrutural que permite a uma empresa privada ou governamental transferir a outra suas atividades-meio, proporcionando maior disponibilidade de recursos para sua atividade-fim, reduzindo a estrutura operacional, diminuindo os custos, economizando recursos e desburocratizando a administração para as empresas.

Parece complicado, não é mesmo? Mas isso não é verdade. Terceirização nada mais é do que a estratégia mais eficaz para você tirar de seu caminho as distrações que lhe impedem de se dedicar ao que realmente traz resultados para o seu negócio.

Vamos pegar o exemplo da minha empresa. Eu dou cursos online e na maioria dos meus cursos os alunos ganham livros de presente, que são enviados pelo correio para suas casas. Veja bem, meu negócio não é vender livros, não somos uma livraria ou editora, muito menos uma empresa de empacotamento e envio de livros. Então o que fazemos para não tirar foco da nossa atividade principal que é ministrar cursos e atender aos alunos? Terceirizamos.

As empresas resistem a terceirizar porque ficam com a leitura de que estão deixando parte de seus recursos, do seu dinheiro ser desviado para terceiros e se fizerem pessoalmente aquelas atividades economizarão muito dinheiro.

O que elas não se dão conta é que estão desperdiçando o recurso mais precioso que têm, que é o tempo, e esse não volta, não pode ser reposto, e com isso baixam a produtividade e a possibilidade de alavancarem seus resultados.

O grande segredo é: domine seus pontos fortes e terceirize seus pontos fracos.

DIA 28

O Coração do seu Negócio

No exercício de hoje você deve fazer uma lista de todas as atividades que são realizadas em sua empresa para produzir seu produto ou serviço. É importante que esta lista seja bem detalhada.

Depois avalie quais destas atividades poderiam ser repassadas para terceiros. Identifique que pessoas ou empresas poderiam fazer isso e levante qual será o investimento.

Terceirize o que for possível e dedique o tempo que você ganhou no processo para aumentar sua produtividade e, portanto, seu faturamento.

Recapitulando

EXERCÍCIO NÚMERO 28:
O Coração do seu Negócio

1. Ao acordar ou antes de dormir, anote em seu Caderno da Gratidão pela Prosperidade Financeira os três itens de hoje relacionados à prosperidade financeira pelos quais é grato; releia-os e diga em voz alta três vezes: obrigado(a), obrigado(a), obrigado(a).
2. Faça uma lista de todas as atividades que são realizadas em sua empresa para produzir seu produto ou serviço. É importante que esta lista seja bem detalhada.
3. Depois avalie quais destas atividades poderiam ser repassadas para terceiros.

4. Identifique que pessoas ou empresas poderiam fazer isso e levante qual será o investimento.
5. Terceirize o que for possível e dedique o tempo que você ganhou no processo para aumentar sua produtividade e, portanto, seu faturamento.

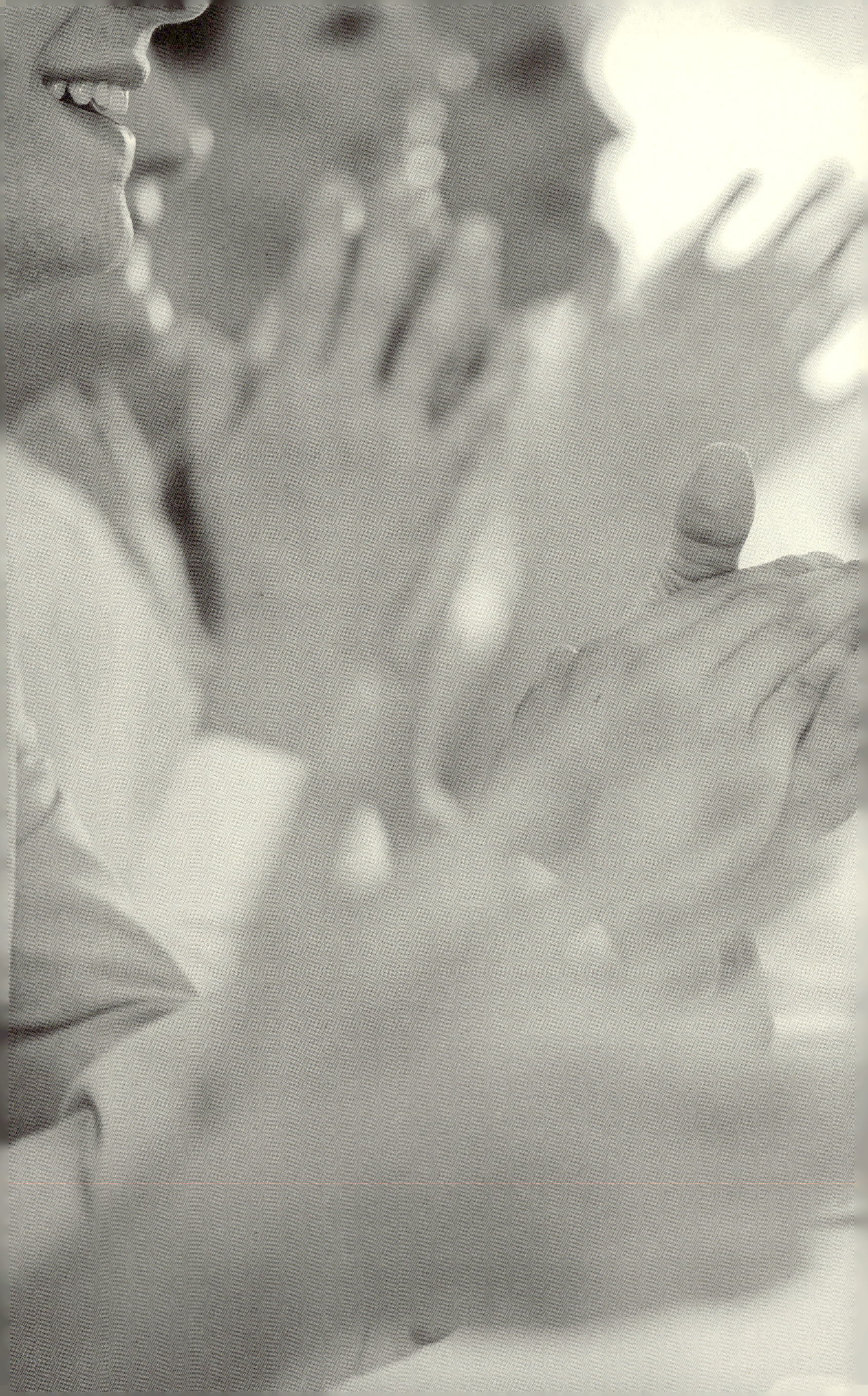

Seus fãs serão seus clientes

O mundo digital veio para ficar. Se isso já era uma realidade antes da pandemia de 2020, onde o isolamento social e o "ficar em casa" viraram a tônica do ano, imagine agora que vimos que o mundo físico parou e as empresas que se deram bem foram justamente aquelas que já possuíam uma presença forte na internet.

Hoje o cliente possui uma facilidade muito grande de escolher o que e onde comprar suas mercadorias; sem sair de casa, com apenas um toque em seu celular ou computador, ele faz suas compras de fornecedores de qualquer lugar do planeta Terra. Viramos uma aldeia global e isto significa que você não pode ficar de fora.

E quais serão seus clientes mais fiéis? Aqueles que já são seus fãs, que amam e acreditam no seu trabalho, que já se sentiram ajudados quando mais precisaram, sem precisar pagar um único centavo por esta ajuda.

A grande questão é: o que você pode fazer por eles sem exigir nada em troca, sem cobrar um único centavo? Quando você faz isso está acionando na mente deles o que chamamos de gatilho da reciprocidade. Funciona assim: este fornecedor fez algo por mim, se importa com a minha segurança e a minha felicidade; isto significa que quando eu tiver uma necessidade a ser atendida, vou preferir contratar o produto ou serviço dele do que escolher aquele outro fornecedor que desconhece a minha existência.

Quem não é visto não é lembrado, e se os olhares do mundo estão mais do que nunca voltados para a internet, é lá que você precisa estar oferecendo seus produtos e serviços, mas antes disso, oferecendo ajuda, apoio, esclarecimento, orientações que atendam às necessidades dos clientes, sem cobrar um único centavo por isso.

Esse é o correlato das amostras de alimentos que são oferecidas nos supermercados e shoppings, principalmente na praça de alimentação. Você degusta, aprova e quer mais.

Se você visitar o meu canal do YouTube, o Marcia Luz TV, verá que tenho mais de dois mil vídeos gratuitos que têm como objetivo ajudar a minha audiência. E o mesmo eu faço no Instagram, no @marcialuz.oficial e no Facebook, no Marcialuz.fanpage.

Segundo os especialistas do marketing digital, o número mágico que você precisa conquistar é um milhão de seguidores. Sei que não é uma tarefa fácil, e você não vai alcançar da noite para o dia, e para isso precisará lembrar do nosso exercício de número 26, paciência e persistência, onde trabalhei com vocês a importância de atuar hoje, amanhã e depois.

Ao conquistar um milhão de seguidores, você terá uma legião de fãs que comprarão o que você tem a oferecer e divulgarão o seu nome e a sua marca para amigos e familiares. Agora lembre-se que a conquista é diária. Comece pequeno e pense grande. Comemore a conquista do seu primeiro seguidor, do segundo, do décimo, celebre muito quando chegar no centésimo, vibre ao conquistar seu seguidor de número mil, e não pare de crescer nunca mais.

Mostre que você tem autoridade no assunto que trata e as pessoas vão querer aprender cada vez mais com você.

Dia 29

Construa a sua Audiência

Sua tarefa de hoje é começar a construir a sua audiência. Você precisa ter um canal de vídeos no YouTube, um perfil comercial no Instagram e uma fanpage no Facebook.

Este não é um livro de marketing digital, por isso não tenho como ensinar o passo a passo aqui. Você pode ser orientado por mim em meu curso Coach Palestrante e Palestrante Cinco Estrelas. Para maiores informações entre neste link aqui: https://coachpalestrante.com.br/

Mas enquanto isto não é possível, pesquise no Google; lá existem muitos tutoriais que vão ensiná-lo a criar seus canais de comunicação no mundo online.

Escolha um deles para começar, gere conteúdos diários gratuitos e comece a divulgar. E imediatamente após iniciar o primeiro canal, faça o mesmo com os outros dois, para acelerar seus resultados. Dentro de um canal você pode chamar seus seguidores para os outros dois, e quando menos esperar, já estará com uma legião de fãs construída.

Recapitulando

EXERCÍCIO NÚMERO 29:
Construa a sua Audiência

1. Ao acordar ou antes de dormir, anote em seu Caderno da Gratidão pela Prosperidade Financeira os três itens de hoje

relacionados à prosperidade financeira pelos quais é grato; releia-os e diga em voz alta três vezes: obrigado(a), obrigado(a), obrigado(a).

2. Você vai começar a construir sua audiência. Crie um canal de vídeos no YouTube, um perfil comercial no Instagram e uma fanpage no Facebook.
3. Gere conteúdos diários gratuitos em cada um dos canais e comece a divulgar.

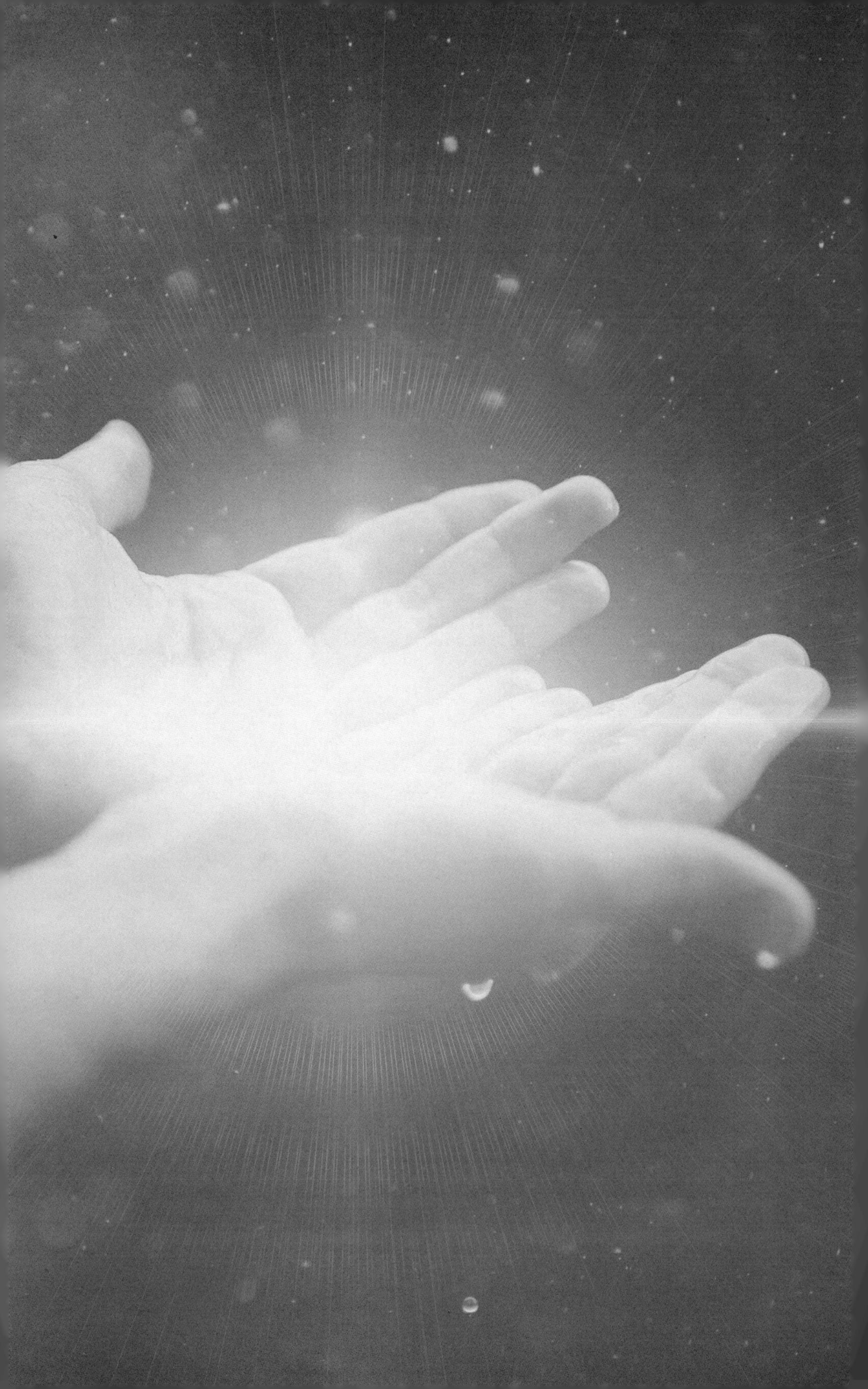

Coloque seu produto na vitrine

O mundo precisa saber que você existe e que seu produto ou serviço é bom. Não adianta apenas a sua mãe acreditar em você. Quanto mais gente conhecer o seu trabalho, mais chances você terá de ter pessoas tornando-se clientes.

E como fazer isso? Coloque-se na vitrine. Existem caminhos bem interessantes para fazer isso. Uma possibilidade são as universidades que precisam de empreendedores/empresários contando suas experiências para os alunos que estão se preparando para o mercado de trabalho.

Outra ótima possibilidade são as associações comerciais e industriais de sua cidade ou das cidades vizinhas. Você também pode procurar o Rotary, o Lions ou outras entidades que visam fortalecer o senso de comunidade e que buscam oferecer informação e conteúdo de qualidade para os participantes.

Você também pode procurar a sua igreja ou outras comunidades religiosas para compartilhar ensinamentos que ajudem seus fiéis a crescerem pessoal e profissionalmente.

Torne-se um palestrante. Prepare um tema relevante e comece a procurar os dirigentes dessas entidades e ofereça seus serviços gratuitamente. Depois insira em seu portfólio as informações das entidades onde já palestrou, e em pouco tempo você começará a receber convites para palestrar.

Foi assim que Alexandre Tadeu da Costa, dono da Cacau Show divulgou a sua marca; o mesmo aconteceu com Luiza Helena do Magazine Luiza. Aprender com eles é fenomenal; você se sente brindado com conteúdo de alto valor, e não tem jeito de não virar fã e cliente da empresa que eles representam depois de sair de uma palestra dessas.

DIA 30

O Mundo todo Precisa Saber

O desafio de hoje é criar a sua primeira palestra. Escolha um tema que possa agregar valor para a vida pessoal e profissional das pessoas que o ouvirão.

Construa um roteiro com os principais pontos que serão abordados, prepare seu material de apoio e ensaie várias vezes na frente do espelho e com a família até se sentir seguro para reproduzir a mesma palestra em frente de uma audiência desconhecida.

Procure dirigentes de entidades e ofereça seu serviço gratuitamente. A cada nova palestra ministrada, portas se abrirão porque a propaganda boca a boca é a mais poderosa.

Recapitulando

EXERCÍCIO NÚMERO 30:
O mundo todo Precisa Saber

1. Ao acordar ou antes de dormir, anote em seu Caderno da Gratidão pela Prosperidade Financeira os três itens de hoje relacionados à prosperidade financeira pelos quais é grato; releia-os e diga em voz alta três vezes: obrigado(a), obrigado(a), obrigado(a).

2. Crie a sua primeira palestra. Escolha um tema que possa agregar valor para a vida pessoal e profissional das pessoas que o ouvirão.

3. Construa um roteiro com os principais pontos que serão abordados, prepare seu material de apoio e ensaie várias vezes na frente do espelho e com a família até se sentir seguro para reproduzir a mesma palestra em frente de uma audiência desconhecida.
4. Procure dirigentes de entidades e ofereça seu serviço gratuitamente. A cada nova palestra ministrada, portas se abrirão porque a propaganda boca a boca é a mais poderosa.

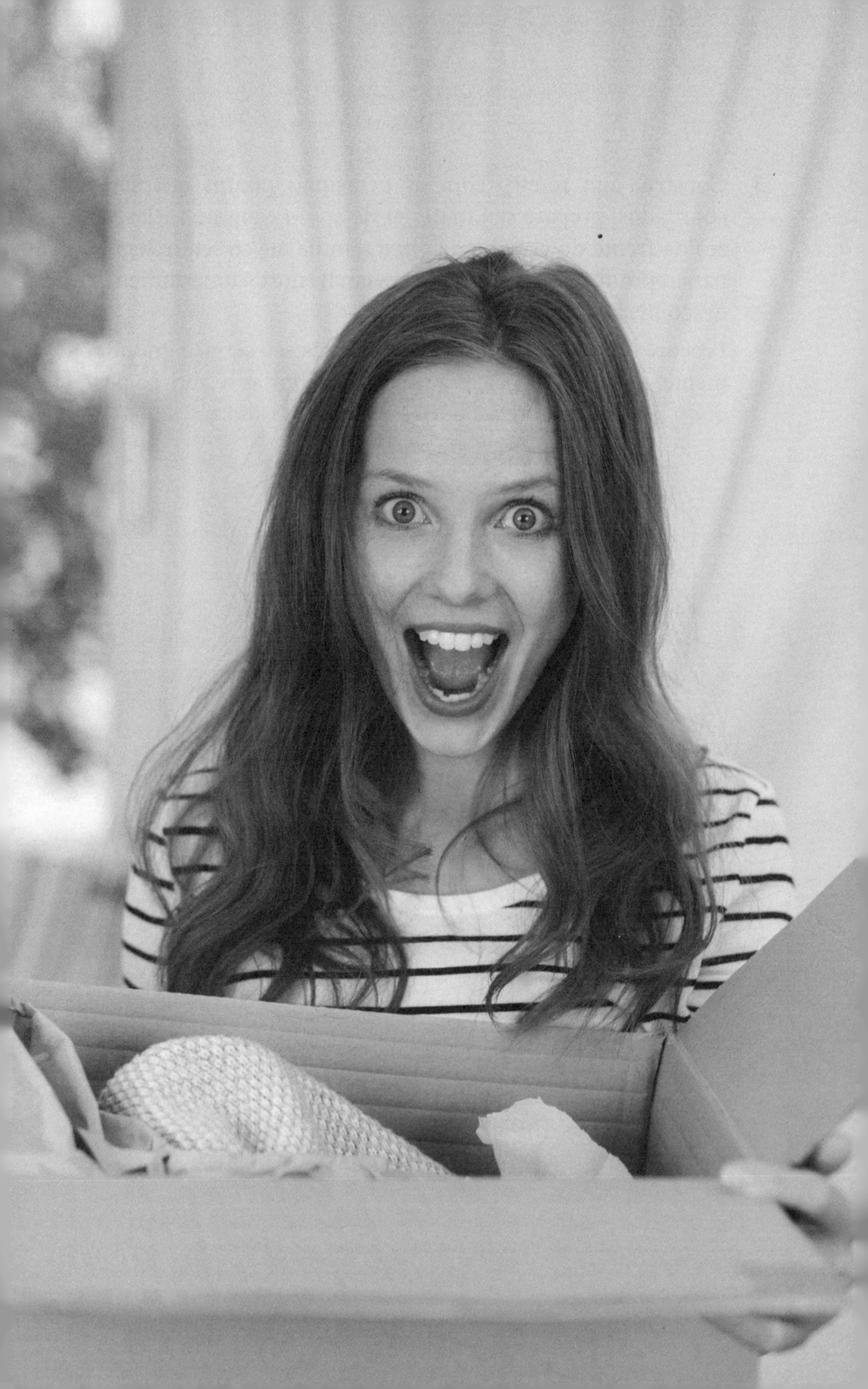

O poder do encantamento

Há mais de 30 anos ajudei a implantar o Programa de Qualidade na Caixa Econômica Federal. Naquela época o grande desafio da equipe de instrutores da qual eu fazia parte era mostrar para os gestores e funcionários da Caixa que não adiantava investir em propaganda na qual se cantava "vem pra Caixa você também vem". Lembra desse jingle? O desafio era atender às necessidades e expectativas do cliente.

Hoje, isso é o mínimo que as empresas precisam fazer sob pena de fecharem suas portas rapidinho. Qualidade no produto ou serviço, preço competitivo no mercado, sem qualidade no atendimento não segura o cliente em sua empresa de jeito nenhum; ele sabe que a oferta é grande e que pode escolher onde gastará o seu dinheiro.

O grande desafio é encantar, surpreender, emocionar o seu cliente com o diferencial que sua empresa oferece. O que você pode fazer pelo seu cliente, que ele não solicitou, não pagou um único centavo por isso, mas você quer presenteá-lo?

Faça isso e você terá clientes que não só voltarão a comprar de você, mas trarão muitos outros, mediante a propaganda boca a boca.

DIA 31

Surpreenda seu Cliente

Hoje você fará um brainstorming levantando ideias do que pode oferecer ao seu cliente que o deixarão de queixo caído.

Escolha a melhor ideia e implemente imediatamente.

Eleve o patamar dos seus produtos e serviços e ofereça a seu cliente muito mais do que o combinado.

Recapitulando

EXERCÍCIO NÚMERO 31:
Surpreenda seu Cliente

1. Ao acordar ou antes de dormir, anote em seu Caderno da Gratidão pela Prosperidade Financeira os três itens de hoje relacionados à prosperidade financeira pelos quais é grato; releia-os e diga em voz alta três vezes: obrigado(a), obrigado(a), obrigado(a).
2. Faça um *brainstorming* levantando ideias do que pode oferecer ao seu cliente que o deixarão de queixo caído.
3. Escolha a melhor ideia e implemente imediatamente.

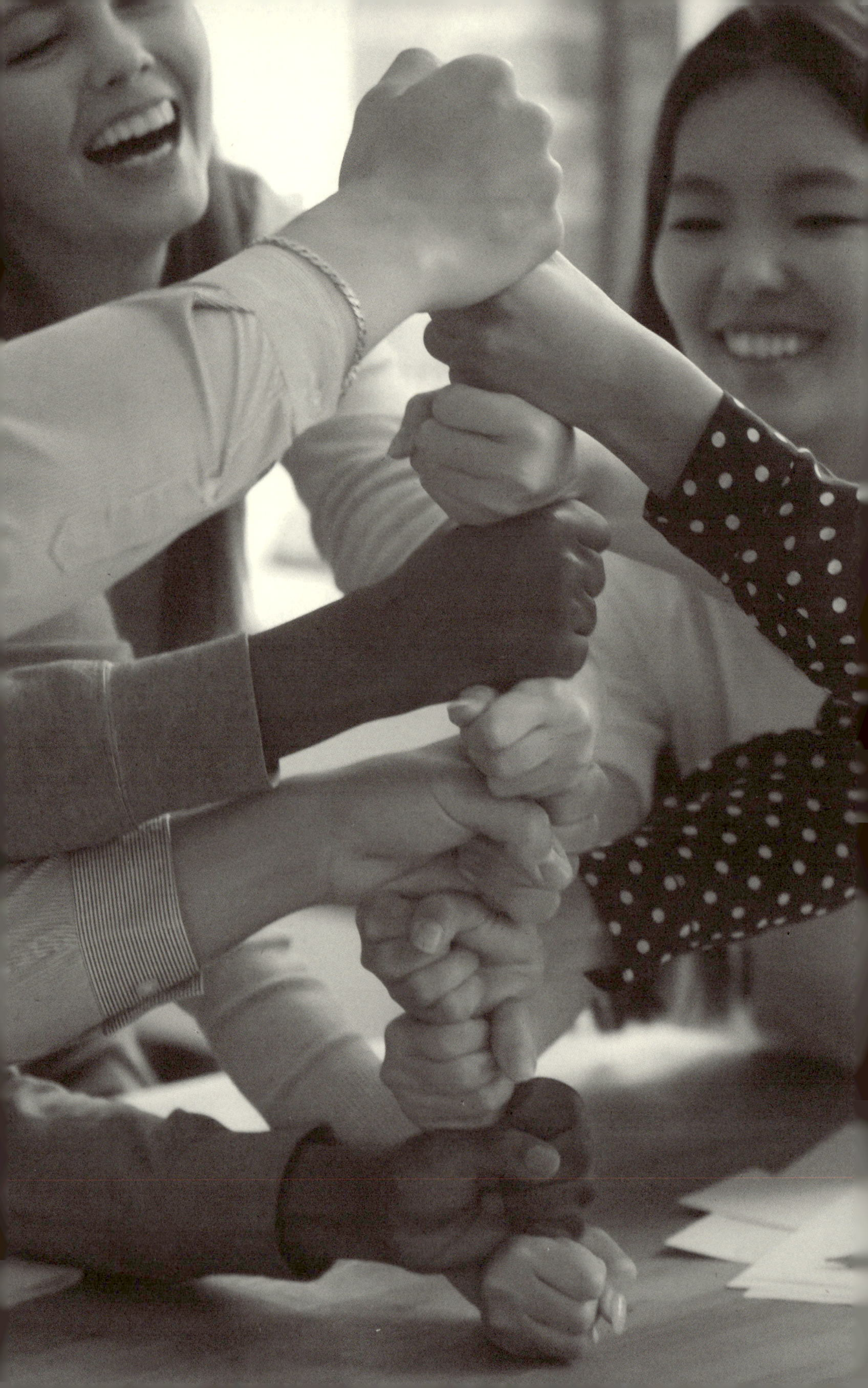

Crie rede de relacionamentos (networking)

Nada é mais valioso no mundo dos negócios do que uma boa rede de relacionamentos. Se você tem amigos dispostos a ajudar na divulgação do seu produto ou serviço, e ainda mais, se estes amigos forem pessoas influentes ou com boa visibilidade no mercado, sua empresa vai decolar numa velocidade ainda maior.

Imagine se você consegue que uma celebridade utilize em público seu produto, principalmente ficando claro que não se trata de publicidade paga. As pessoas comuns buscam imitar o que os famosos fazem e num piscar de olhos sua empresa pode virar a queridinha de muita gente.

Além disso, seu networking pode servir para ampliar os limites do seu negócio. Imagine uma proprietária de um salão de beleza fazendo uma parceria com um estúdio fotográfico, de tal forma que após você realizar determinado número de procedimentos no salão, terá direito a uma sessão de fotos no estúdio; e da mesma forma, fazendo um determinado número de fotos no estúdio, você ganha um atendimento no salão de beleza.

Existem cidades turísticas onde vários restaurantes fazem parcerias e ao pagar a conta em um deles, o cliente ganha um cupom de descontos para jantar no outro estabelecimento parceiro.

Juntos somos mais fortes. Você só precisa encontrar as pessoas certas para fazerem parte de sua rede de relacionamentos.

DIA 32

Olha Quem está Falando

Hoje você tem duas tarefas importantes.

A primeira delas é fazer uma lista de pessoas conhecidas da mídia que podem se interessar por seu produto ou serviço. Envie para elas um exemplar, no caso de produto físico, ou uma oferta de atendimento gratuito, no caso de serviço.

A segunda tarefa é listar que empresas dentro ou fora de seu ramo de atuação poderiam ser parceiras, para montar ofertas casadas, como as que citei do salão de beleza e estúdio fotográfico, ou dos restaurantes que oferecem cupom de desconto do seu parceiro. Procure o dono deste estabelecimento e proponha a parceria ganha-ganha.

Recapitulando

EXERCÍCIO NÚMERO 32:
Olha Quem está Falando

1. Ao acordar ou antes de dormir, anote em seu Caderno da Gratidão pela Prosperidade Financeira os três itens de hoje relacionados à prosperidade financeira pelos quais é grato; releia-os e diga em voz alta três vezes: obrigado(a), obrigado(a), obrigado(a).

2. Faça uma lista de pessoas conhecidas da mídia que podem se interessar por seu produto ou serviço. Envie para elas um exemplar, no caso de produto físico, ou uma oferta de atendimento gratuito, no caso de serviço.
3. Liste que empresas dentro ou fora de seu ramo de atuação poderiam ser parceiras, para montar ofertas casadas. Procure o dono deste estabelecimento e proponha a parceria ganha-ganha.

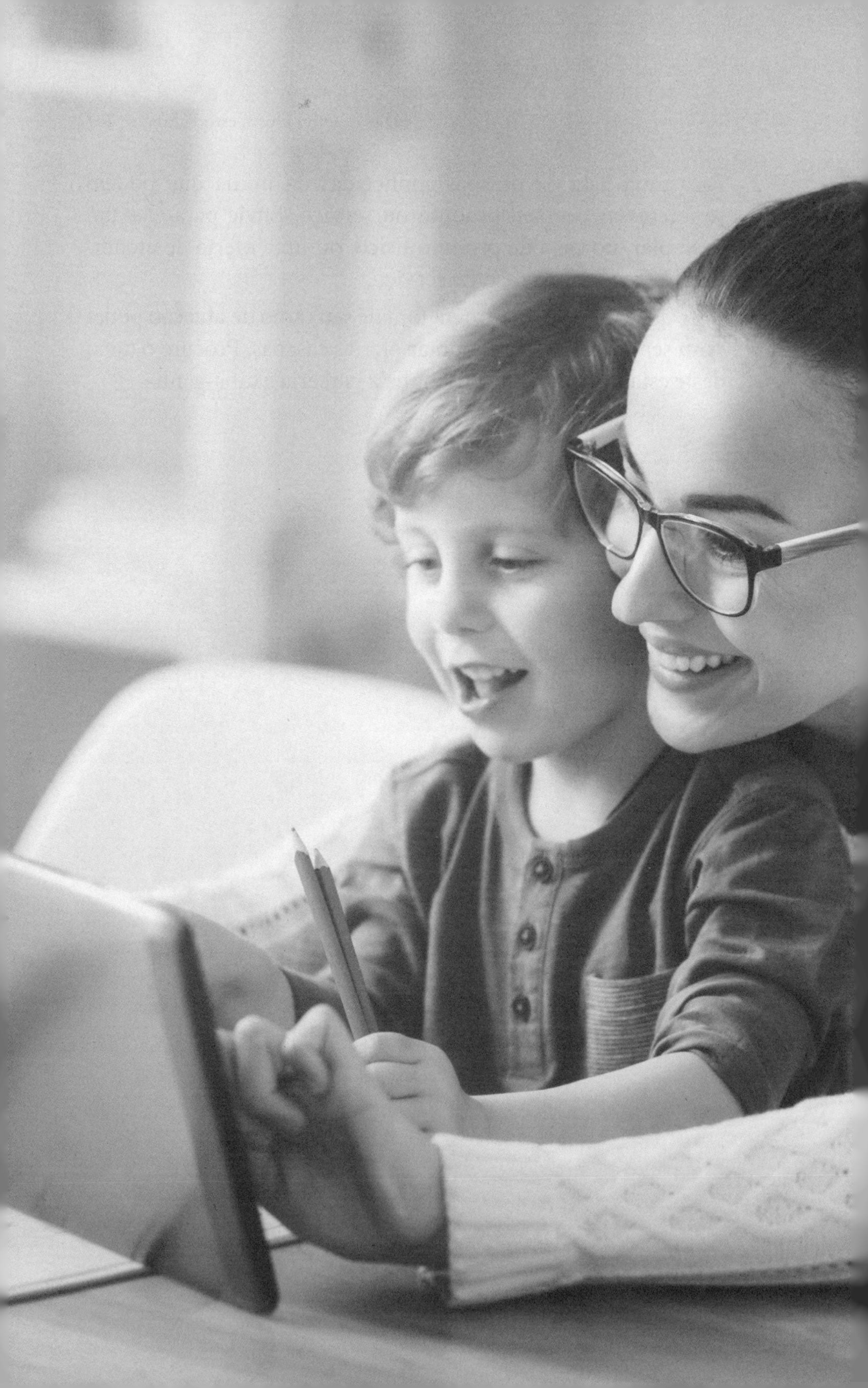

Seja um eterno aprendiz

Quando você achar que já aprendeu tudo, está na hora de morrer. Somos eternos aprendizes, e se você quer continuar prosperando em sua vida, precisa constantemente se reciclar lendo livros, fazendo cursos presenciais ou online, e é claro se dispondo a colocar tudo o que aprendeu em prática, porque saber e não fazer é ainda não saber.

É importante aprender a associar o estudo com prazer e não com obrigação. É possível que você não tenha adquirido o hábito da leitura e só fazia isso quando seus professores ou pais obrigavam.

Aprendi desde muito cedo que o mundo do conhecimento pode ser muito prazeroso, e por isso estou sempre com um livro na mão divertindo-me. Fiz o mesmo com meus três filhos; sempre mostrei a eles como ler é delicioso, e desde muito pequenos, eles preferiam livros a brinquedos.

Se você não adquiriu esse hábito, não tem problema nenhum. Comece agora essa maravilhosa aventura de aprender algo novo todos os dias.

Opte por estudos sobre prosperidade, abundância financeira, enriquecimento, porque colhemos o que plantamos. Se você quer colher mais dinheiro, precisa plantar sementes de dinheiro.

Cursos online são uma excelente forma de acelerar sua aprendizagem e fazer isso de maneira agradável e prazerosa.

Você pode fazer meu curso "A gratidão transforma sua vida financeira". Saiba mais aqui: https://agratidaotransforma.com.br/vidafinanceira.

E pode também participar da minha mentoria Fluxo da Riqueza. Conheça mais sobre a mentoria aqui: www.fluxodariqueza.com

Dia 33

Lições de Prosperidade

Escolha um livro para aprofundar e complementar seus estudos sobre prosperidade. E comece a leitura hoje ainda.

Matricule-se num curso presencial ou online que posso acelerar sua curva de aprendizagem sobre prosperidade financeira.

Aqui vai uma lista de livros sobre este tema que eu li e recomendo:

- *A Ciência de Ficar Rico* (Autor: Wallace Wattles)
- *As Sete Leis Espirituais do Sucesso* (Autor: Deepak Chopra)
- *A Lei do Triunfo* (Autor: Napoleon Hill)
- *Criando Prosperidade* (Autor: Deepak Chopra)
- *Desperte o Milionário que Há em Você* (Autor: Carlos Wizard Martins)
- *Dinheiro é Emocional: saúde emocional para ter paz financeira* (Autor: Tiago Brunet)
- *O Homem mais Rico da Babilônia* (Autor: George S. Clason)
- *O Jogo do Dinheiro* (Autor: Tony Robbins)
- *O Poder do Subconsciente* (Autor: Joseph Murphy)
- *Os Segredos da Mente Milionária* (Autor: T. Harv Eker)

Recapitulando

EXERCÍCIO NÚMERO 33:
Lições de Prosperidade

1. Ao acordar ou antes de dormir, anote em seu Caderno da Gratidão pela Prosperidade Financeira os três itens de hoje relacionados à prosperidade financeira pelos quais é grato; releia-os e diga em voz alta três vezes: obrigado(a), obrigado(a), obrigado(a).
2. Escolha um livro para aprofundar e complementar seus estudos sobre prosperidade. E comece a leitura hoje ainda.
3. Matricule-se num curso presencial ou online que posso acelerar sua curva de aprendizagem sobre prosperidade financeira.

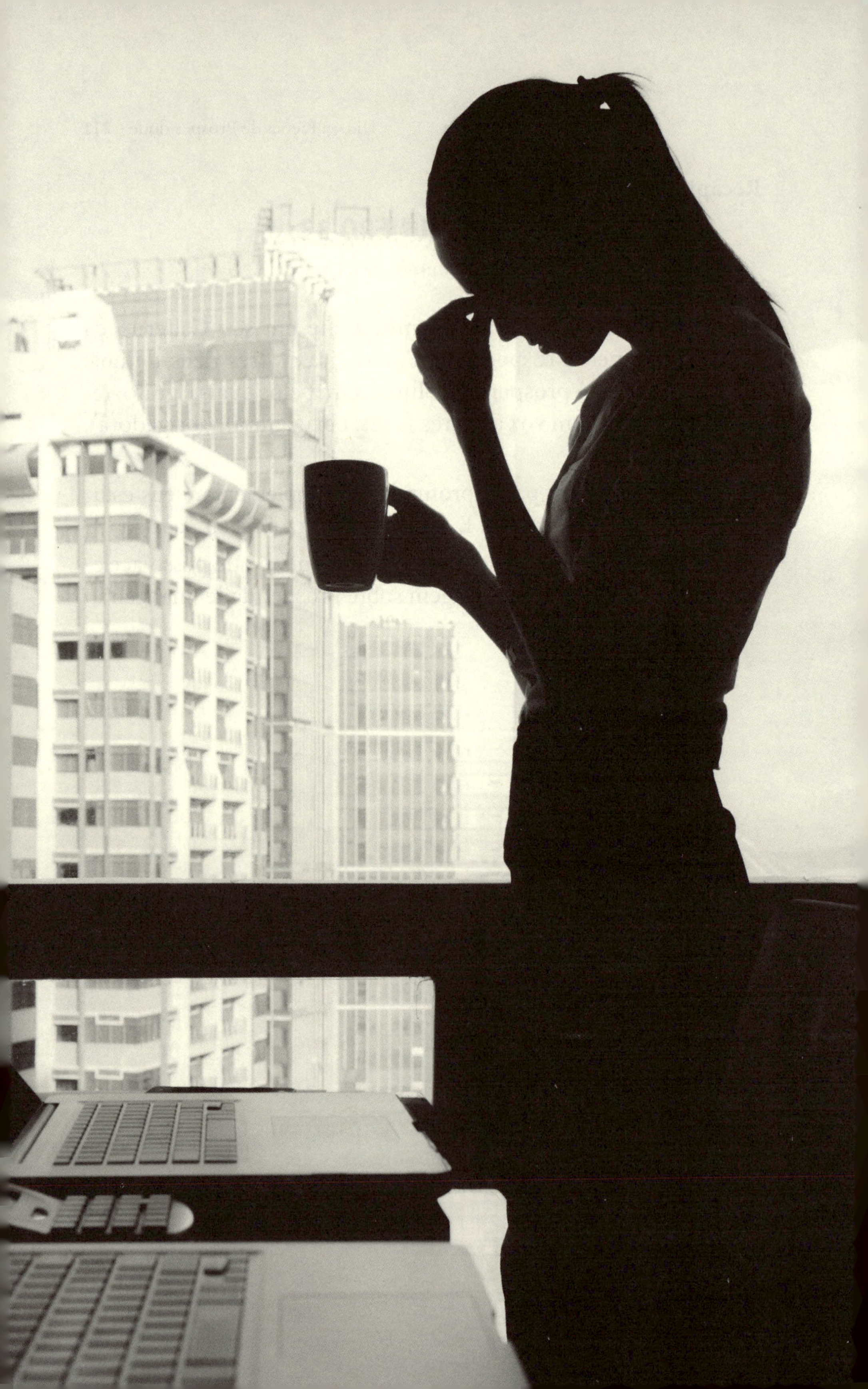

De nada vale toda a riqueza se perder a sua alma

Sempre achei a frase "dinheiro não traz felicidade" perigosa porque ela nos induz a pensar que precisamos escolher entre as duas coisas: ou você tem dinheiro, ou é feliz. Este tipo de pensamento faz parte do paradigma da escassez e é bastante perigoso porque reforça as crenças limitantes em relação ao dinheiro.

Por outro lado, a busca desenfreada por adquirir mais e mais, onde o TER passa a valer mais do que o SER é uma inversão de valores no mínimo perigosa. O seu valor no mundo não pode ser medido pelo patrimônio que adquiriu, mas sim pelo legado que construiu e eu quero endossar essa minha afirmação com uma história contada pelo Dr. Russel H. Conwell (1843-1925), palestrante americano, fundador da Temple University, conceituada universidade instalada na Filadélfia, Pensilvânia.

"Acres de Diamantes" é a história *de Al Hafed, um próspero e feliz fazendeiro que vivia com a família na antiga Pérsia. Era feliz porque era próspero e era próspero porque era feliz, mas ouviu falar dos diamantes e da riqueza que estavam sendo descobertas em terras longínquas e a partir daquele momento seu casamento harmonioso, os filhos saudáveis e a fazenda produtiva já não eram o suficiente pois Al Hafed desejou possuir uma riqueza muito maior, passando então a sentir-se pobre. Hafed deixou a família e a terra natal e partiu em busca dos sonhados diamantes, mas só colheu decepção e frustração por todo o caminho, vindo a dar cabo de sua vida que se tornou miserável, lançando-se ao mar, em Barcelona, Espanha.*

Acontece que o sucessor do infeliz fazendeiro um dia descobriu em seu quintal umas pedras duras que brilhavam maravilhosamente à luz do sol, que estavam encobertas até então – no pequeno riacho que atravessava a fazenda.

Mas tarde, um visitante, ao ver as pedras em cima da lareira, voltou-se para o novo dono e informou-o de que encontrara um dos maiores diamantes já vistos pelo homem. Pesquisas revelaram que a fazenda inteira estava coberta de pedras magníficas, semelhantes àquela.

A moral da história nos diz que as pessoas muitas vezes vão buscar longe a prosperidade quando ela está em seu quintal. Para atingir a prosperidade, dizia Conwell, comece onde você está, com aquilo que você é e tem – e agora!

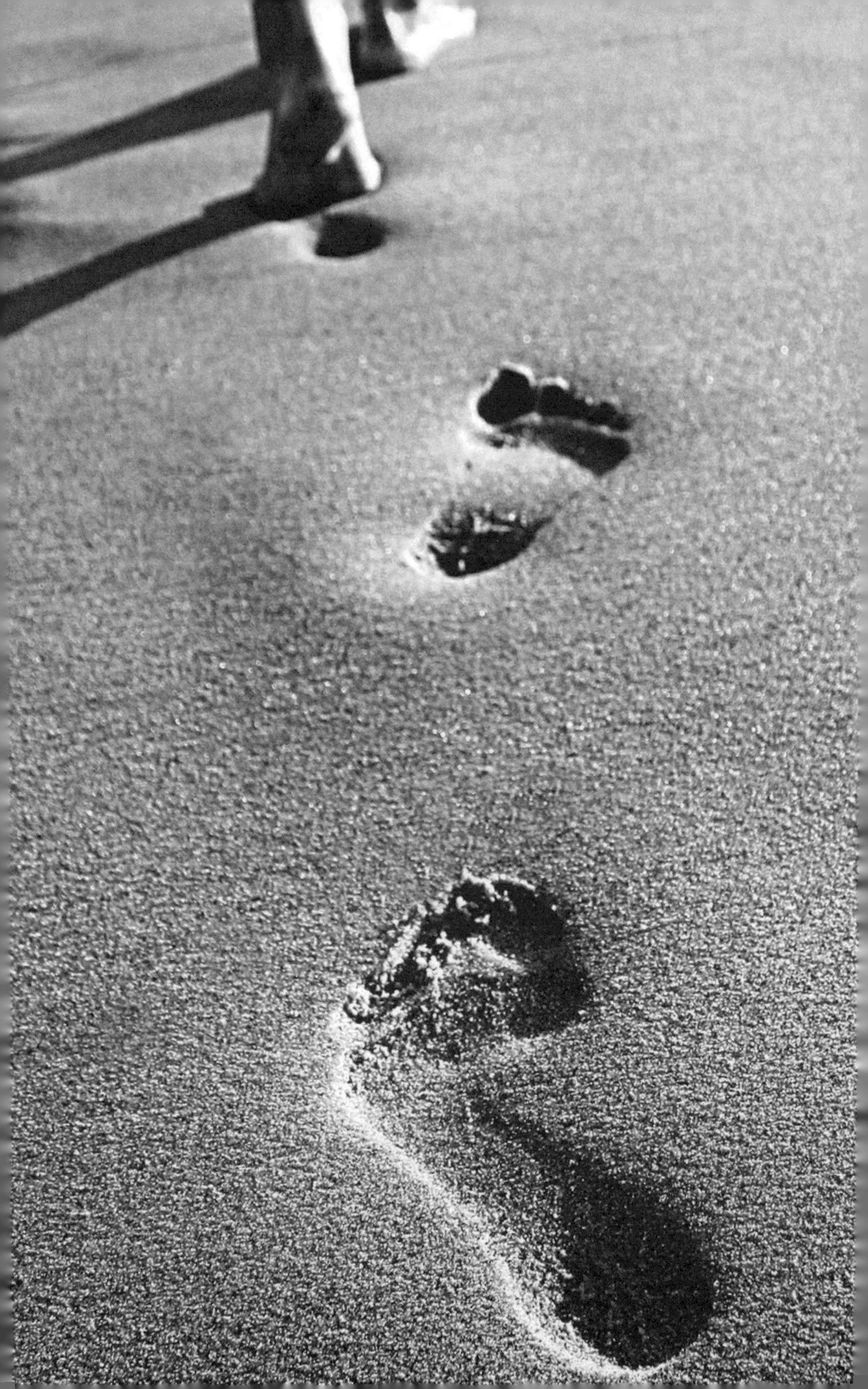

A jornada é feita passo a passo

Chegamos ao fim deste livro, mas a sua jornada rumo à prosperidade a partir da gratidão está apenas no começo! Estes exercícios devem acompanhá-lo diariamente, e serem revisados sempre que você sentir necessidade.

Lembre-se que ao terminar a primeira sequência de 33 dias de exercícios, você deve repeti-la para que agradecer pela prosperidade financeira realmente vire um hábito. Refaça mesmo todos os 33 exercícios, responda novamente as perguntas sem consultar as anotações anteriores e você perceberá que as respostas mudaram. Isso ocorre porque nestes primeiros 33 dias a sua percepção já se expandiu e você estará enxergando o mundo de uma forma muito mais madura.

A gratidão deve tornar-se um hábito em sua vida, para que a prosperidade seja uma constante. Portas se abrirão, pessoas especiais aparecerão no momento necessário, e sua sensibilidade para saber o que fazer e quando fazer estará aguçada. Seus cinco sentidos vão trabalhar alinhados com você, seu subconsciente o estará ajudando, e o mundo à sua volta, o universo, agirá em fluxo, à sua disposição.

Você agora tem alicerces sólidos, sustentando uma bela estrutura de crenças e padrões que só podem fazer você prosperar. Descobriu que o universo é abundante, pronto para dar a quem sabe agradecer.

Aprendeu a doar como formar de agradecer o que recebe; aprendeu também que o dinheiro precisa ser cuidado, direcionado, bem usado para que traga bênçãos para você e todos que o cercam, e que não basta só receber e gastar aleatoriamente, precisa saber também poupar e aplicar de forma consciente.

Agradeço porque você aceitou fazer esta jornada de Gratidão pela Prosperidade sendo guiado por mim. Estou certa de que realizo minha missão de ensinar mais e mais pessoas a cumprirem seus próprios propósitos de vida, abrindo a torrente de abundância com que a gratidão nos brinda quando nos rendemos a ela.

A gratidão já transformou a minha vida, vem transformando a de milhares de alunos de meus cursos, e tenho certeza de que você está entre eles, para sempre.

A partir de agora a sua vida nunca mais será a mesma.

- Para saber mais sobre o curso "A Gratidão Transforma a sua Vida Financeira acesse o seguinte endereço na internet:

    www.agratidaotransforma/prosperidade

- E para obter informações sobre o curso "A Gratidão Transforma" entre neste link aqui:

    www.agratidaotransforma.com.br

Referências

ADAMS, C. **Terapia da gratidão**. São Paulo: Paulus, 2002.

COVEY, S. **Os 7 hábitos das pessoas altamente eficazes**. São Paulo: Best Seller.

DOUGLAS, W.; TEIXEIRA, W. **As 25 leis bíblicas do sucesso**. Rio de Janeiro: Sextante, 2012.

EKER, T. H. **Os segredos da mente milionária**. Rio de Janeiro: Sextante, 2006.

FRANKL, V. E. **Em busca de sentido**. 2. ed. Petrópolis: Vozes, 1991.

HILL, N. **A lei do triunfo**: 16 lições práticas para o sucesso. Rio de Janeiro: José Olympio, 2016.

KIYOSAKI, R. T.; LECHTER, S. L. **Pai rico, pai pobre**. Rio de Janeiro: Elsevier, 2000.

LUZ, M. **A gratidão transforma**. São Paulo: DVS, 2016.

MARTINS, C. W. **Desperte o milionário que há em você**: como gerar prosperidade mudando suas atitudes e postura mental. São Paulo: Gente, 2012.

YVES, A. **Caderno de exercícios de gratidão**. Petrópolis: Vozes, 2015.

OUTROS LIVROS DA AUTORA:

A Gratidão Transforma os seus Pensamentos + CD

A Gratidão Transforma a sua Saúde

A Gratidão Transforma uma nova Vida em 33 dias

Agora é Pra Valer!

Coach da Gratidão Financeira

Coach Palestrante

DVS EDITORA

www.dvseditora.com.br